法布尔的故事

[英] 埃列娜·杜尔利 ——————— 著

李琼花、易卓璇 ——————— 译

中国青年出版社

寄　语

　　我知道，比起其他故事来，任何年龄段的男孩和女孩都喜欢听真人真事。我还知道，只要讲故事的人有故事可讲，很多人更愿意听昆虫的故事。因此我想，与《昆虫记》迷人的译本或精彩的法语原著相比，小读者们会更喜欢法布尔和他那些昆虫共同的故事。

　　我想对出版社表示感谢，感谢他们允许我重新讲述这些故事中的一些内容；也感谢法布尔先生的侄子——法布尔（他与叔叔同名）以及朱夫先生，感谢他们在阿维尼翁和卡彭特拉斯为我讲述这位博物学家的故事。

　　全书以孩子们前往法布尔生活场景的旅程展开——这段旅程的的确确发生了，只不过旅行者是两个成人。

　　这本书几乎不算是我写的，我只能说希望自己没有辜负它。感谢沃尔特·德·拉·梅尔为此书写了前言，感谢法布尔的故事和罗伯特·吉宾斯的可爱木版画。

作者于 1936 年

前 言

　　这是一本专为思维活跃的孩子写的书——我相信，与专为聪慧成人写的书相比，这本书或许会赢得更多的读者。没有比书籍更不稳定的商品了，*如果运气不好，我们最期待和渴望的东西可能就难以实现*。就个人经历方面而言，我熟悉各种各样的儿童读物，我敢说，这本《法布尔的故事》是一本品质不同寻常的书。与林林总总的儿童读物相比，这本书显然不是花功夫写哪个人，也不是为哪个人撰写的，而是直截了当面向所有人。它的目的无可指摘——向具有非凡品格的法布尔先生学习他那强烈的兴趣和快乐以及他的满腔热忱，这种热忱在他 92 年的生命中从未消退。只要读过这本书——或者听过这本书——任何一个有想象力的孩子都会身临其境，在这位陌生人的陪伴下，遍览那些村庄、房屋和每一个房间，法布尔曾经在那儿过着简朴而专注的生活，也可以一探他的内心深处和精神境界，获得某种启迪。

一本好的*教科书*可以清晰而简明地传授知识——这个过程或许平淡，但其中的信息却是无价的。而法布尔的无上智慧是，"学问的关键不在于他人教导，而在于自我觉醒"。《法布尔的故事》也蕴含着这样宝贵的信息，在此过程中，任何读者都会有所觉醒；因为它揭示了获得知识时的爱和快乐（这种潜移默化的过程奇特又令人难以置信），即使是年龄非常小的孩子也可能拥有——正如他们每天不断提出问题，期待有人为他们解答一样。但这种爱和快乐，唉，可能等到他们上学之后便会消失。

故事中的主人公实际上是佩内洛普，佩内尔是贾尔斯和杰拉尔丁对她亲昵的简称，从这一点可以看出，她所承担的不仅仅是女教师的角色。孩子们和她一起去酷热干旱而又迷人的国度瞻仰法布尔，但这些孩子一点也不"幼稚"——他们很有头脑，充满想象力；这段旅途在他们的陪伴下显得快乐无穷。

至于法布尔、他不可言喻的"小昆虫"、他的童年、他的贫穷、他的专注、他的胜利，乃至于他的虔诚和厌恶，本书都有充分阐述，埃莉诺·多丽小姐循循善诱，很多片段都来自法布尔那部伟大的作品——《昆虫记》。

第一个观察昆虫世界的人并非法布尔。事实上，早在1835年——法布尔12岁时，有个名为艾米丽·肖尔的女孩就已经开始观察昆虫了。这个女孩当时年仅 15 岁，她在卧室里执着地观察了几个小时的红切叶蜂，这一切都被她写在了那本失传的《艾米丽·肖尔日记》里。令人遗憾的是，这位杰出的年轻女性没能给我们留下更多的文字，她在 19 岁时便不幸去世了。最近，也有书披露了藏匿在黑暗之中的白蚁的群体生活。大多数这样的书，例如有关蜜蜂的书，都是真实而令人愉快的。总的来说，我们应该严谨而平和地来认识所有"科学事实"，"骇人听闻"这个词用来形容科学并不恰当。法布尔不仅仅把我们带进了昆虫世界——那似乎是远在太空中金牛座的陌生世界，在那个世界中，仅凭人类的体型就足以形成日食了。在我看来，法布尔还把我们带进了思维的新天地。这些昆虫令法布尔如痴如醉，即便穷尽人类想象，也无法对这些昆虫的习性加以解释。例如，一些蝇类的幼虫天生以蜂类幼虫为食，不费吹灰之力；雌性狼蛛、蝎子或者螳螂（哪怕仅从外表而言）的恐怖习性，彻底超越了人类的想象，简直是邪恶女神。但另一方面，一只刚出生没几个小时的"妖女"——雌性孔雀蛾——就能向她的追求者暗送秋波，尽管法布尔已经采取了措施——"我立刻把她罩住，关在铁丝网钟罩下，她还是出生时一身湿漉漉的样子呢。"法布尔花两个铜币从送土豆的男孩那里买来的小阔条纹蝶也是如此。事实上，这些精致的昆虫迷恋爱情至深，甚至连消化器官都没有，却甘愿为爱而生，为爱而死，完全没有意识到它们的"光之女神"还身处于人造的玻璃城堡中——嗯，这自然使我们心生困惑，不得不反思自我，反思我们自己小小的思维方式，叩问我们小小的心灵。鉴于许多类似的真实情况，"可怜的笨狼蛛"——是一种完全合理又适当的评价。我们也同样清楚，在这里，人的理性并不适用于昆虫，正是直觉愚弄了我们。这就好比，一只狼蛛反过来试图去面对面地理解人类那些略显糟糕的习性。换句话说，即便是婴儿期的天使，有时也会多少流露出一些反常的小小兽性。

沃尔特·德·拉·梅尔

目　录

第一章

紫杉家族：追寻法布尔之旅

这群孩子几乎都是在紫杉树下长大的，为此，所有人都喊他们"紫杉孩子"。他们有房子住，但待在房子里时，似乎总是有许多事情要做，有许多规矩要守，比如，不能在父亲的门外说话；要时时刻刻盯着钟，因为在1点、4点和7点，钟敲响之前要洗手；又有许多对他们有好处且有用的工作要做，要去打扫教室或学做羹汤。虽然在这所房子里可以看到紫杉树，可是离得很远，这种距离既喊不到人，又不方便送东西，孩子们当然是乐得待在树下享受宁静时光。

他们也喜欢紫杉树本身。这棵树很古老，相传它已有900岁高龄了——树干粗大，有许多藏身之处，而且树枝低矮，易于攀爬。此外，看着那些陌生游客前来参观作家简·奥斯汀受洗的小教堂，孩子们也觉得很有趣。曾经有人把教堂的钥匙藏在了树洞里，而这个习惯从此被保留了下来。孩子们告诉参观者说自己是唯一受命的钥匙保管人，却没有说授命的人其实是他们自己。这种钥匙并不常见，而且模样令人惊奇。它有半米长，但是因为藏得太深了，实在很难找到。

杰拉尔丁，她的哥哥贾尔斯和朋友玛格丽特便是这群孩子。杰拉尔丁记事前，母亲就已经去世了，是他们已经长大成人的继姐佩内洛普把他们抚养长大的。人们都认为佩内洛普没有好好抚养他们，可他们自己并不这么觉得。

他们的村庄和其他村子迥然不同，因为村里的每个人，包括他们的父亲，无一例外都在撰写简·奥斯汀的生平。但孩子们喜欢真实人物的真实故事，就会想去搜集那些与简不同的人的生平，也好来捉弄他们的父亲，免得他认为"简已是无人能比"。佩内洛普负责了大部分的搜集工作，而其他孩子一般都是听她在紫杉树下讲的故事，再添砖加瓦。她把故事写下来时，他们有时会授予她特权，同意她在自己说的话中省略引号，所以在这个故事中，有些引号没有出现。

第二章

探索之源起

想要读懂诗人，读懂诗，就必须去诗人的家园。

——歌德

大家开始思考昆虫学家生涯这一天，老教堂墙边的报春花吐露芬芳，草地上第一丛白紫罗兰绽放笑颜，而紫杉树荫下却已然夏日炎炎。那时杰拉尔丁独自和她的法文女家庭教师在一起，她火冒三丈，因为她又生气又闹腾，所以更觉得燥热难耐。而她的家庭女教师呢，正巧低头看花，觉得那些花儿与*她的*想法不谋而合——现在的英国还是寒意料峭的春日，只不过正好遇上一个阳光明媚的三月天罢了。看着桌子对面这个孩子露着臂膀、不戴帽子、只穿着棉布连衣裙，女教师裹紧了皮毛大衣，心里又平添了几分怒火。

　　那天早上她已经输了一次，她本来是想在舒适书房里的炉火旁上课的，现在她很可能还要输一次。"小打小闹也不能让着孩子。"女教师第一百零一次在心里盘算着，大衣上的皮毛朝着对面的棉布烦躁地支棱着。那棉布肯定有问题；棉花明明那么少——只带一点点蓝色，就像天空那种蓝；而这孩子巴掌脸，金发垂肩，眼睛湛蓝湛蓝的，就像晴朗天穹上泛着金色光晕的云朵；整个人看上去那么淘气，那么倔强，那么难调教！

为了让杰拉尔丁对那则寓言改变说法，女教师已经想尽了一切办法，唯独不愿让步。她怀疑杰拉尔丁很清楚这则寓言，但就是淘气，故意要把拉·封丹的著名寓言改个名字。"蚂蚱与蚂蚁"……她温婉柔和地用略微抑扬顿挫的英语重复着，所用的英语听起来格格不入，字里行间几乎像是她自己写的诗：

> 蚂蚱引高歌，
> 漫漫炎夏尽。
> 凉风乍起时，
> 穷途末路至。

> 蜗角蝇头，
> 荡然无存，
> 饥肠辘辘，
> 食不果腹！

> 只好向蚂蚁，
> 乞求一两粒粮食。
> "等我有了吃的，一定还你
> ——连本带息。"

蚂蚁可不放债给她！

"你在太阳底下做什么？"

"我引吭高歌！"

"哦，我可爱的小宝贝，

那你现在跳舞吧，总归能跳出饥肠！"

可是到了用法文念时，杰拉尔丁一遍又一遍地重复着说："唱歌的蚂蚱"，女教师低声地纠正她："不对，杰拉尔丁，是唱歌的知了。"

杰拉尔丁停顿了一下，还是说道："唱歌的蚂……"

"知了不是蚂蚱。"女教师忍无可忍，气得直跺脚。

"不，"杰拉尔丁低沉地说，"我知道。"

"那为什么你说的和拉·封丹写的不一样呢？"

"因为他犯了一个荒唐的错误。"

杰拉尔丁觉得女教师的脸都快气歪了，也许她并不理解这个法国女人心中的敬畏有多么深刻，她绝不会质疑那位伟大寓言作家的正确性。对于一个法国女人来说，拉·封丹的寓言是绝对没有错误的。

这样一来，两人之间已经无话可说了。好在此时，佩内洛普挽着一篮水仙花从杜鹃花盛开的小路突然出现，故事才得以继续。

"噢！佩内洛普小姐！"女教师叫道，"这孩子！今天早上真是*不听话*！她居然说拉·封丹有误！我都不知道她脑子里在想什么，但那可是拉·封丹！怎么可能会出错！"

佩内洛普坐在第三把椅子上，纤长的手指紧握住篮子高高的把手，先是蓝眼睛里流露出了一丝和缓的笑意，然后她那漂亮的唇瓣也温柔地扬起。佩内洛普的微笑背后，隐藏着一个历史悠长的故事——一个几千年前的故事。一想到法国的拉·封丹、古希腊的伊索、古印度讲故事的人，还有那位昆虫学家，他们是怎么把这些故事混为一谈时，佩内洛普就忍不住微笑。尤其是那位昆虫学家！现在她同父异母的妹妹也卷入其中，昨晚她还拿起棍棒，要为一只知了伸张正义，殊不知那只是一只蚂蚱。今天早晨，她又在和女教师争论，因为她觉得无论多伟大的诗人，也不能玷污知了的品格。女教师也掺和了进来，她对拉·封丹的崇敬近乎虔诚。佩内洛普对此一清二楚。她父亲喜欢和她一起陪杰拉尔丁预习功课，如果谁能将寓言翻译得韵律十足、朗朗上口，父亲就会讲个故事以资奖励。佩内洛普也因此听过父亲讲这则故事。可是既要不扫女家庭教师的脸面，又要站在恰好占理的妹妹这边，佩内洛普实在是左右为难。

杰拉尔丁，她道，那两位老太太是永远也找不到钥匙的，你得去帮帮她们。等你回来，你可以告诉老师，你的昆虫学家是怎么谈知了和蚂蚁的。如果你说得很好，我就会把我刚刚为假期想出的绝妙计划告诉你。

杰拉尔丁转眼间就回来了，眼睛直勾勾盯着佩内洛普看，想知道她会不会对自己的说法感到满意。杰拉尔丁张嘴那一刻，佩内洛普就在心里默默地祈祷，但愿女教师愿意听她说下去：

蝉的故事

　　"知了在英语里叫作蝉，而非蚂蚱。

　　"那位昆虫学家说，很久很久以前，还没有书籍的时候，印度有一位智者想要教导人们在收获时储备余粮，也好为以后天气寒冷时做准备。于是，他就给他们讲了一个会唱歌的小动物的寓言。这只小动物既没有存粮，也不能向蚂蚁借粮，它在寒冷的冬天里饥肠辘辘。这个会唱歌的小动物在欧洲没有名字，因为它不住在这里，在这方面很别扭，人们不会给自己从没见过的东西起名字，这就使翻译变得非常困难。因此伊索作为一个希腊人，在提起这则唱歌的小动物寓言时，不小心弄错了名字，直接称其为知了。但是，任何一个在冬天把冬眠的蝉蛹挖出来的农夫都能告诉他，蝉是不可能在冬天里过活的，这种想法太荒谬了。拉·封丹只是延续了伊索的*错误*。拉·封丹书中这幅画的作者名为格兰德维尔，他画了一只蚂蚱，而不是一只蝉。他把蚂蚁打扮成一位好管家，而蚂蚱胳膊下夹着吉他，紧紧裹着寒风吹起的薄外套，在蚂蚁的门口鞠躬，旁边则是蚂蚁屯着的大袋大袋的玉米。

　　"我对'sauterelle'一无所知，只知道那是一只绿色的大蚂蚱，法国偏北部的地方才有，那儿恰好是拉·封丹居住的地方。而那娇小可爱的蝉住在南方，那是昆虫学家住的地方，他是我特别钦佩的昆虫学家。他整日坐在屋子对面的两棵梧桐树下，除了看蝉，还是看蝉，了解关于蝉的一切知识，他看到——在南方，夏日炎炎，很多昆虫干渴而死，只有蝉停在灌木丛的树枝上，一边刺穿树皮吮吸汁液，一边引吭高歌自得其乐。蝉不是用嘴巴唱歌的，而是用腹部上那一排钹一样的发声器来演奏音乐的。昆虫学家仔细观察着，看见各种口渴的昆虫都爬上来喝蝉挖的洞里渗出

来的汁液：黄蜂、苍蝇、甲虫……尤其是*蚂蚁*。他看见体型最小的昆虫从蝉的肚子下面滑过去，向树汁靠近；而蝉，这只可爱的动物，只是站起身来给蚂蚁们腾出更多的空间来轻松地饮水。可谁能想到在那之后蚂蚁会恩将仇报！大一点的昆虫喝了一小口后就飞走了，想找点更好的东西吃，但却一无所获，于是它又回来，想把蝉从其自制的饮泉上赶走。

"这位昆虫学家名叫法布尔，他看到卑鄙的蚂蚁在咬蝉的脚，逼着它挪动。有的拉扯它的翼尖，有的爬到它背上，搔它敏感的触角；有一只甚至抓住它吸管一样的口器，试图将其拉出洞，直到最后，巨人不胜其扰，离开了饮泉，飞到另一株植物那里，故事又从头开始了。蚂蚁，才是乞丐，是强盗；而蝉，才是那个无私分享，却遇人不淑的勤劳挖井人。

"但这个寓言的错误远不止这些。蝉不吃苍蝇，不吃蠕虫，也不吃粮食。它从来不吃东西，只喝树的汁液。而且，它也从来没有活到过冬天。每年天气还未转冷的时候，它就死了；昆虫学家曾目睹过蚂蚁啃食蝉瘦削干瘪的尸体。蝉是蚂蚁冬天的食物，夏天的饮料提供者。它活不到冬天，只能在夏天活5个星期左右，刚好够它唱歌和产卵。它的卵和蛹总共在地下存活4年；仅仅为了那5个星期的阳光，它要忍受4年的黑暗。怪不得昆虫学家说，它在5个星期里整天唱歌，发出震耳欲聋的呼喊，是在为自己活着的喜悦而引吭高歌。"

"现在说说假期的计划吧，佩内尔（即佩内洛普）？"

我们开车去法国，去看看昆虫学家生活过的所有地方，并在途中写下我们对他生活的感悟，这不是很有意思吗？

"真的假的？我们真的要去看看那两株法国梧桐？还有那些蝉？或者，最起码要去看看它们的子孙后代吧！"

别那么心急，杰拉尔丁，别忘了，蝉只能在夏天活5周，现在只是春天，还没到夏天呢！

"你瞧！"女教师绝望道，"我早就跟你说过了！"此时，身着蓝布衣的杰拉尔丁在轻吟浅唱的微风中翩翩起舞："我们要去法布尔家了！"

"停！"贾尔斯对他的妹妹喊道，他和玛格丽特正从果园里赶来，带来了更多水仙花，"快回来，我们一起来商量商量这个假期怎么过！在做决定之前，我觉得佩内洛普应该先跟我和玛格丽特讲讲昆虫学家的故事，这样我们才能知道他住的地方我们想不想去，他做的事情有没有趣，到底值不值得写下来。"

他看到了别人从未见过的东西，佩内洛普说，然后在书里记下了他所看到的一切，以及他是如何观察到的，这本书引人入胜，十分伟大。你随手一翻，就能看到关于小昆虫的有趣故事。他也因此赢得了两个美名：善察者或观察家，以及作家。

他从一个村野男孩变成了一位伟大的科学家。他一生都生活在壮丽的风景中：群山、骄阳、宏伟如阿维尼翁教皇宫殿的中世纪建筑、精致如奥兰奇凯旋门的罗马建筑。他生活在一尘不染的高岭积雪之中,生活在南方繁花纷飞的光辉之中。他爱世间万物;但却选择了最小的生物——昆虫作为研究对象。

他和我们一样,对杰拉尔丁口中的小昆虫充满了兴趣;但是,直到他那个时代,研究昆虫的学生,在很大程度上只是对昆虫进行收集和分类。他们当然知道它们有多少条腿,翅膀是什么形状的,但从未想过要研究它们的习性。

"它们的习性!"贾尔斯不以为然地哼了一声。

是的,你不知道这些昆虫的习性有多奇怪,有时甚至还很可怕!如果母的总是会吃掉公的,你会怎么看?但它们也有自己的优点和惊人的技能。法布尔告诉我们,他从一开始就对这些奇怪的琐碎小事感兴趣;直到有一天,他读到一名优秀学生的一篇文章,这篇文章很不寻常,好似一颗火星落进脑海,将他的想法一下子点亮了。他第一次意识到——把昆虫收集在玻璃盖着的盒子里,用绕口的名字将它们进行分类——并非昆虫科学的全部。人们可以做的还有更多:观察昆虫,直到你弄懂它们,直到它们向你展露它们的习性和伎俩——它们做事的方法,它们动刀的本领,它们行动的理由,它们生活的习性。

"给我们讲个故事,举些例子吧,佩内尔。"贾尔斯说。

这些故事实在不应该讲给你们听,你们应该自己去读,自己去感受法布尔那动人的语言。

"没关系，就一个！就讲一个故事！要不然，我们怎么知道自己到底想不想听更多呢？"

泥蜂的故事

雌泥蜂会打洞；雄泥蜂则不会。雄泥蜂体弱又矮小，只会和太太跳舞，和对手过招，把对手趴在尘土中再与雌泥蜂双栖双飞。雄泥蜂先安安静静享受一个月的甜蜜时光，然后就开始绕着雌泥蜂的巢穴嗡嗡打转，而雌泥蜂则忙里忙外，从不允许雄泥蜂入洞。雌泥蜂片刻不停歇地一趟一趟运出挡路的泥土，这些工作都是用嘴完成的，所以也许我们应该说一口一口地把土运了出来，最终挖了一个约有半米深的洞穴。她一点点刨出洞壁，用足把尘土扫出，身子再倒退着出来。

然后她去觅食，把食物贮存起来留给孩子们享用。她自己以花汁为食，但她知道自己的孩子必须吃肉，因此会为它们捕捉一只大甲虫，其体重几乎是自己的 2 倍。

给你们讲述这些故事很容易，可是法布尔是如何想方设法发现这些事情的呢？试着想象一下，他是怎么发现雌泥蜂的秘密的。我猜他一定一眼就辨认得出来。泥蜂有许多不同种类，而黄蜂的种类则更多。如果有人问你："英国有多少种野生黑莓？"你可能会回答："3～4种。"当科学家告诉你答案时，你会目瞪口呆——事实上，大约有500种。当你思考生物种类有多少时，如你可能觉得泥蜂只有3种，但是请记住，它们的种类可能很多很多。

就这样，法布尔先是看到一条坡度陡峭的道路，我们也会去看看这条路。他注意到斜坡上留下了几道土痕。这就是雌泥蜂扫出来的尘土。法布尔顺着其中一道土痕往上找，在廊道下找到了她的洞口。她喜欢有个廊道来挡风遮雨——但是我想知道，他要循迹追踪多少土痕，才能知道每只泥蜂的洞穴上方都悬垂着一个或大或小的檐口呢？他想知道她的洞穴是什么样的，也许他还要自己动手挖掘。洞穴很宽敞，有拇指那么宽，很深！非常深！你可以试着往洞里挖半米，小心翼翼地穿过一条狭窄的通道，蜿蜒曲折，不知通向何方。只挖一次没用，因为可能只是巧合。法布尔也许挖了上百次，甚至更多。

法布尔要在南方的烈日下坐多久，才能观察到雄泥蜂有没有干活呢？以某一天或某一种泥蜂的行动来判断并不可靠。法布尔从不投机取巧，也从不草率定论。记住，那需要一动不动地在阳光下等待很久、很久。

可泥蜂会飞……而法布尔……只能在后面追，他当然不是沿着小路追逐，而要经过橄榄树林，穿过横斜的树枝与干枯的灌木丛，越过干涸的河床，还会被石头绊倒摔个嘴啃泥。他必须要看见雄泥蜂们狭路相逢，相互搏斗。你见过那场面吗？反正我从来没有。

然后他又坐着观察雌泥蜂是怎么挖洞的。他想，如果他在书房为她在盒子里堆一个斜坡，她也许也会在那儿打洞。他做了盒子，把泥土压实或者捏碎，弄成相同的模样。这一切都不容易！然后他或许会发现，这位太太对他的劳动成果并不满意。他只能从头再来。

她挖来挖去究竟是为了什么呢？她洞里有东西。法布尔必须闯进最深处、最里面的巢室，在那里他发现了一些有意思的东西：5只大甲虫，但都死了。死了！真的死了吗？它们颜色各异，相当……相当新鲜，四肢还能活动；试探一下，它们短时间内还能伸胳膊蹬腿。根本不像死了！但也不像活着的样子！因为它们自己待着的时候，完全……完全都是一动不动的。

在观察这些洞穴时，法布尔经常看到雌泥蜂抓回几乎比她自己大两倍的甲虫。快到家门口时，她自有妙招，飞到一定距离内就不飞了，开始用爬了。"那些甲虫并没有死，"法布尔自言自语道，"不管最伟大的昆虫学家怎么说，泥蜂的刺并没有把它们毒死。如果真的毒死了，它们应该会腐烂；而且，这些家伙都很壮实，尤其是甲虫，捕杀者用针将它们刺穿，它们还能存活一个月，但会一直乱踢乱蹬。它们明明还活着，却又为什么纹丝不动呢？"

法布尔必定亲眼看到了雌泥蜂是怎样抓住她的猎物的，必定亲眼看到了她对甲虫做了什么才能令其原地不动的。哦，他之前还没亲眼见到过她捉到甲虫呢；于是他又站起来，追着雌泥蜂跑起来。她飞到这儿，飞到那儿，乘着清风四处飞舞，很难看清，更难追踪。法布尔决定改成捕捉甲虫，因为甲虫只会爬。但是到哪儿去找它们呢？*雌泥蜂*只要搜寻 10 分钟就能把甲虫带进来，而*法布尔*花了 4 天时间，才抓到 3 只。她抓到的甲虫模样光鲜、毫发无损，没有一丝被追捕的痕迹；而他抓来的甲虫灰头土脸，残败不堪，但幸好还活着。她跟猎物一样一尘不染；他却精疲力竭。他建议我们应该尊重昆虫，因为在捕捉甲虫方面，昆虫可比人类厉害多了。然后他把他那只不成气候的甲虫放在雌泥蜂的洞口附近爬行……她出来了，看见了这只猎物，却只是从它上面爬过，飞去找别的东西来填饱肚子。

可怜的法布尔像个乖孩子一样失望。但他是个极其聪明的人。他不假思索，认定即使是人类也会有退而求其次的时刻，因为有时候根本没有多余的时间思考；像贾尔斯一样，他上学迟到时，一把抓起了那顶在池塘里泡了一个星期的帽子，而不是他的新帽子。就在雌泥蜂抓着她可爱的猎物着地时，法布尔用一对镊子拽走了猎物。她当然气急败坏，跺脚转身，看见那只可怜的活甲虫，就一把抓住了它。但它动了！幸好她没发现不对劲，没有一边念叨着"不是已经杀死过一回了吗？"一边把它扔掉。连法布尔也没法告诉我们，雌泥蜂是怎么心安理得地接受这个改变的。不过这不要紧！你记得吧，甲虫被抓来的时候是四脚朝天的，于是雌泥蜂一翻身，自己钻到甲虫身下，用蜂足抵着甲虫的背部，撑开甲虫的某一个关节，然后她用刺戳了几下那个部位。甲虫瞬间一动不动了。整整一个月内，它都会保持不动，不腐烂，也没有其他死掉的迹象。法布尔又把它从聪明的杀手手中抢走，换了另一只活甲虫给她。最后，他检查了他那3只纹丝不动的甲虫，发现尽管他知道它们被刺的准确位置，但他看不见任何损伤，也不知道哪种毒药能达到这种效果。他由此推断，雌泥蜂的解剖学知识比他自己的要精准得多；她对甲虫的神经系统了如指掌。

法布尔查阅书籍，使用显微镜，然后发现大多数甲虫有3个神经中枢，其中一个遭受攻击时，其余的仍照常工作，但这种特殊的甲虫只有一个神经中枢，而且正好是雌泥蜂攻击的位置。如果让这个神经中枢失去行动力，那么整只甲虫就静止了，它瘫痪了，但还活着！这种特殊的泥蜂非常清楚它自己专属甲虫的神经系统构成。

你想知道有什么证据能证明法布尔是对的吗？他学会了雌泥蜂的招数，也击中了甲虫的神经中枢。它立刻一动不动；人类用这一招，也同样奏效。但是，遗憾的是，法布尔却没有雌泥蜂做得那么好；过了一段时间，他的甲虫就死了。

现在他知道了，在幽深隐蔽的洞穴中，雌泥蜂把卵产在一动不动的甲虫身上，当无助的小幼虫从卵中醒来时，它就能立刻开始在母亲产卵的地方进食；这块肉不会反抗，而且是活的，鲜嫩多汁，却不能将身上的幼虫抖落下来或用腿弹开。它只能静静地躺着，直到被吃成一具空壳。当幼虫长大后，就可以自己爬到另一只甲虫身上，并发现它也仍然新鲜味美。

"我们走吧，"贾尔斯说，"要是我能帮法布尔先生一起观察他的泥蜂就好了，我想认识的正是这样的人。"

第三章

圣莱昂: 法布尔的村庄

远山静谧, 尽染晚霞。

行者匆匆, 奔赴密命。

——沃尔特·德·拉·梅尔

他们终于到了！

车门一打开，4个人便迫不及待地踏上了这片鲁埃格高原——法布尔口中的出生之地。

为了找到那里，他们跨越了整个广袤而可爱的法国，简直就像法布尔翻山掘地，只为了追寻一只甲虫一样。而他们的追寻似乎和他的一样艰难。因为鲁埃格是高耸隐秘之地，即便是法布尔本人在地球中心所发现的东西，也不会比他们在法国的这块腹地见识到的更稀奇古怪。越过绿水清波的河流，穿过金黄灿烂的树林，他们早已认定，在这里出生实在是太幸福了。他们爬过积雪覆盖的高山隘口，最后穿过了通往法布尔故土的荒凉峡谷。法布尔的故乡坐落在杜尔比河峡谷和塔恩河峡谷里，他们一行人沿着一条从大裂缝底部延伸出来的路前行。村庄高耸在山脊上，连接它们的是天梯而不是街道。在那里，奇形怪状的岩石直插云霄，城垛般的悬崖峭壁，好似空中的城堡，巨大的石头在细长的尖顶上平衡堆垒，令人胆战心惊；还有那些石头人、石头野兽，都是天然的，俨然是一个乱石之城。法布尔一定很喜欢住在这种荒野之地，一想到这点，他们就越发兴奋。他们几乎屏住了呼吸，不禁开始畅想，这么一连串怪异道路的尽头究竟是怎样的风景。

现在他们真的到了！

这就是法布尔度过童年的地方。他们就在世界之巅！

风吹得他们无法呼吸，吹得衣服紧紧贴在胸腔上，吹得他们发丝乱舞，眼泪横飞。放眼望去，那是一片荒野——贫瘠崎岖、沼泽密布，苔藓恣意生长；环顾四周，断树残根在风中簌簌作响，平添了几分忧愁凄凉；或这或那，只见那些沼泽汇聚形成了许多小湖泊，其上阳光闪烁、波光粼粼，倒是为景色增光添彩了不少。

这和法布尔所说分毫不差，佩内洛普道，如果四月中旬就已这么冷了，那风雪交加的漫漫冬日，他也一定早就习惯了吧。

"那边有雪！"贾尔斯惊呼出声，"我去弄点来！"一分钟不到他就回来了，还把雪撒在了地上。

"虽然可能有点冷，"玛格丽特说道，"但这景色也太美了！看看这山，可能是赛文山脉或者奥弗涅山脉，绘着朦胧的蓝紫色，仿佛是缀有紫水晶和珍珠的巨大条纹环绕其上。我猜那些就是我们刚才经过的岩石吧？噢，看！还有那山峰之巅的白雪皑皑，阳光照耀的云波渺渺！"

杰拉尔丁慢慢转过身，"四处都是雪山，"她说道，"只有一种樱草生长在这里，其余的连一座房子都看不见。瞧瞧这些可怜的羊，又高又瘦，因为它们需要走好远好远才能吃上几口草。现在，该去寻找圣莱昂了！向法布尔的村庄进发！"

那可并非易事，因为圣莱昂虽然曾经是个贸易集镇，但并没有标在地图上。他们在一条从大路向左拐的小路上停了下来，小路上满是车辙、泥泞不堪。孩子们想沿着这条路走下去试试，但佩内洛普认为，就算只是过去的重要城镇，也不会仅靠这么一条羊肠小道。不过，地图上提到了一个叫炉木镇的地方，受此鼓舞，他们继续前进。在一个十字路口，他们看见了两栋房子，门口各站着一个孩子，告诉他们说，他们已经到了炉木镇了，那条遍布车辙的小路就是去圣莱昂的最佳途径。但是那条路很长，日落前是到不了圣莱昂的。这句话勾起了杰拉尔丁的好奇心，但佩内洛普却很坚决，必须等第二天早上再出发去法布尔的村庄。

但他们在去投宿的路上瞥了一眼圣莱昂。远远看去，深沉灰暗的石头城顺着山坡向下延伸，没入广阔而阴暗的森林深处，城堡耸立其上，四座塔楼相互映衬，冷酷而肃穆。

……

翌日一早，只见树影斑驳，一条布满车辙的小路盘绕在山坡上，实际比看上去更为狭窄。在这两公里的路程里，没有一处能容纳两辆车交会，不过他们也没遇到别的车辆。天朗气清，清新宜人，他们仿佛独自游荡在荒芜的世界之中。如果遇上了分岔路，他们也无人可问。这条路蜿蜒曲折，孤寂而清冷。他们在圣莱昂的第一堵石墙前停了下来，兴奋之情难以自己。骄阳炎炎下，4个人立在车旁左右张望。左侧有一条布满岩石的小路蜿蜒而上，通达粗糙的石阶，显然引往那座阴暗荒芜的城堡。右侧则是一段乱石之中的陡峭台阶，穿过满是断壁残垣的街道。前面的路拐了弯，淡出视线，似与教堂尖顶齐平。再往前，远处荒山中的树梢在阳光下闪闪发亮，显然山谷中亦有树林生长。村庄中荒芜寂静，只闻鸟啼嘤嘤，远处流水潺潺。

这时，他们身后传来了缓慢而沉重的脚步声，一个牧羊人出现了。

"请问这里是圣莱昂吗？"佩内洛普问道，"亨利·法布尔的家在这儿吗？"

"是的，就是那间。"他指着正对着他们的一座灰色小石屋说。

"我们能进去吗？"

"当然可以，你们只要走上台阶，"他指着那条通道，"然后把门推开就行了。"

杰拉尔丁蹑手蹑脚地向前走，好像有人在熟睡，她生怕惊醒似的。那高高的花园石墙上立着一扇又高又窄的木门，她费力地推开了。

其他人也蹑手蹑脚地跟在她身后，因在无人看管的情况下进入别人的领地而有些赧然。"啊！"杰拉尔丁惊呼出声，他们也都连连应和，因为他们所到之地完全出乎意料：一座小小的花园，一块方形草地，阳光倾洒其上；一幢灰色的小房子，只有靠花园的一侧有门；另外，草地中央有一尊雕像，赫然是法布尔本人，杰拉尔丁挺直身子坐在草地上，盯着雕像的脸仔细辨认。那是一个瘦小的老人，穿着一件破旧的外衣，口袋鼓鼓囊囊的装着一个用来收集标本的盒子。在一顶宽边软帽下面，是一张布满皱纹的脸，细长的鼻子很是好看，抿得紧紧的嘴唇又长又薄，眼睛专注地盯着什么东西——当然是一只昆虫。杰拉尔丁从来没有见过任何人能像那座雕像那样聚精会神。法布尔倚靠在一棵断了的树墩上，上面有一条蜥蜴。他一只手拿着放大镜观察昆虫，另一只手把他的外套举到耳朵边，使光线照得恰到好处。现在她完全知道这位大学者观察事物时的样子了，但她从来没有想过一座雕像会如此栩栩如生。

"就好像他本人在这里一样。"她说，"他的父亲一定很穷，不然他不会出生在这么小的房子里。他的故事接下去是怎样的呢？"

1823 年 9 月 22 日，他在花园下面的灰色教堂接受洗礼，取名为让·亨利·卡西米尔·法布尔。然后，当他还是个小男孩的时候，他的祖父，也就是他父亲的父亲，把法布尔带到马拉瓦尔，好让这个贫穷的家庭少一张抢饭吃的嘴。我们今天下午就去那儿。

"我觉得这一来一回也太远了吧？"杰拉尔丁问道，"我想跟着他做事的顺序追随他的脚步。"

佩内洛普总是惯着杰拉尔丁。于是，他们沿着小路往回走，心里开始畅想：一百多年前，法布尔的父亲安托万或许就坐着从马拉瓦尔来的农用马车，带着他的孩子沿着这条小路缓缓而行。以这种出行方式的缓慢速度来看，他们一定花了一整天的时间在路上。首先，当这条小路走完以后，他们会径直穿过马路到小法布尔后来非常熟悉的罗德兹去，然后继续往上走，到达更高的山丘。

在这条漫长而可爱的道路上，他们 4 个人尽情地享受着春日清晨的明媚阳光！但很快，汽车行驶到了坚硬的冰雪地上，咯吱作响。雪堆积在金雀花丛和偶尔出现的树木根部。不止如此，他们所处的地势很高，可以看见远处冰川的雪覆盖在遥远的阿尔卑斯山脉上，没入地平线中，天地共雪色。

他们经过了通往韦赞的拐弯处，看见了处于洼地的贸易集镇，那正是法布尔的邻居们赶着羊群去的那个市镇。小法布尔常常躺在韦赞森林的苔藓上沐浴阳光，吃着黑面包和奶油，聆听圣莱昂教堂的钟声。有时，他也没那么乖，会帮着别的男孩揪韦赞公牛的尾巴。在森林另一边，他们遇到了一位牧羊人在放羊，一边吹着口哨，像呼唤狗一样让羊群跟在身后。他们还看见了农民们焚烧金雀花，使土地更加肥沃，就像小法布尔当年所看到的一样；还遇见牛眨巴着大眼睛，拉着车缓缓而行。他们停下来向人询问去马拉瓦尔的路，其中一位车夫道："你是问那位伟大的昆虫学家住哪儿吗？"佩内洛普心里好奇，不知道这位会说英语的车夫对一百年前住在村子里的昆虫学家了解多少。

"路上问问农场里的人，"他说，"他们会告诉你的。不好找。"

农场位于一片荒野之中。佩内洛普敲了敲门，只见一个相貌极其丑陋、摇摇晃晃的农夫慢慢打开了门，吓得她几乎要拔腿就走。

"马拉瓦尔？噢！你是要找那位伟大的昆虫学家的家吗？"他说道，"好的，我和你一起去，给你带路。我得了麻疹，才刚刚起床。虽然站得有点不稳，但没关系，一起走吧！"

噢！不用了！佩内洛普喊道，我们很容易就能找到的。这狂风猎猎的，你出来有点危险，而且我也担心孩子们可能会被传染到。

"谢谢你！不过我已经好多啦！就在那儿！"

他们远远地看见，在一片白雪覆盖的地方，有一座深灰色的农场。现在已经是四月中旬了，但在那农家的门前还是积着雪！附近看上去好似寸草不生，只有连绵起伏的群山上遍布石楠，当然，这些石楠也都没有开花。山谷中有沼泽，有小溪，而且在离他们很近，但离马拉瓦尔很远的地方，有一座灰色的拉瓦锡教堂，进深较长，尖顶低矮，很是迷人。在这附近，除了这位病人的房子，教堂是唯一有人迹的地方了。他们可不敢带着这位"导游"继续前进，只想独自前往。但他们要穿过泥泞满地的山谷，越过没有小桥的溪流，攀爬无路可走的高山，更别提还要面对那些朝着陌生人狂吠的看门狗了，他们早晨的勇气已经荡然无存。

法布尔应该早点跟我们说这些，佩内尔说道。他们坐在被风吹得枯焦的石楠丛中，盯着远处那座孤寂的农场，心中不免有些惆怅。想象一下那个小男孩的样子——在农场里深一脚浅一脚地艰难行走，蹚过及膝的牛粪与褐色潮湿水塘，浑身脏兮兮的，整日和大鹅、小牛、绵羊做伴。

后来，某天早晨，他身上发生了一件伟大的事情——他，未来的科学家，有了他的第一个科学发现。他发现，自己是用眼睛看见太阳的，而不是用嘴！他将这故事娓娓道来：

"那时我只有五六岁。我看见自己身穿件土布围裙，长长地拖在我光秃秃的脚趾上；还记得腰带上用绳子系着手帕，因为我经常弄丢手帕，只好用袖子来代替。一天早晨，我将双手背在身后，俨然像是个在面朝太阳沉思的小淘气鬼。它耀眼的光彩令我目眩神迷。我就是那烛光吸引而来的飞蛾。我是怎么领略到那辉煌的光芒的？是用我的嘴巴，还是用我的眼睛呢？

"这就是我最初的好奇心所问的问题。你可别笑。未来的观察家正在练习。我张大嘴巴，闭上眼睛，那光芒便消失了。我张开眼睛，闭上嘴巴，光芒便再次出现。我又做了一次，结果一样。所以就是这样，我的经验告诉我，我是用眼睛看太阳的。这可是个大发现！那天晚上，我把我的秘密告诉了家人。我的祖母微笑着，玩味着我的天真。其他人都开怀大笑。世界本来就是这个样子。

"我还有另一个发现。夜幕降临时，灌木丛中传来一阵咔嗒咔嗒的声音，吸引了我的注意力，夜里安静，这声音隐约可闻。这是什么声音？是一只鸟儿在巢中鸣叫吗？我得赶紧去看看。当然，他们告诉我这个时候会有狼从树林里走出来，这也是要考虑的问题。但我还是要去看看，不用走远，就在那丛金雀花后面。

"我静静地听了很长时间，但什么也没发生。灌木丛中只要听到一丁点儿树枝折断的声音，咔嗒声就会停止。第二晚我又去了，之后的晚上我也去了。然后我的坚韧战胜了它。说时迟那时快，我的手快速出击，抓住了这个小歌唱家。是一只蚂蚱。通过观察，我现在知道蚂蚱会唱歌了。"

在那个农舍里，有一个大厨房，如果自法布尔时代以来，没有人改造过的话，还有一个大得足以烧掉整棵树干的露天火炉。通常在冬天的晚上，唯一的亮光是来自一堆会发出特殊光亮的松木碎片，这些碎片是用来节省灯油的。

想象一下这个家中过去的光景：老祖母，也许在室内还戴着她那顶鲁埃格农民帽，帽子扁平、宽边，大得像车轮，上面的小花冠还不如一枚 5 先令的硬币大，用黑缎带系在下巴上。如今连一顶这样的帽子我们都没见过，也许再也没有人戴了。

吃饭的时候，老太太会站在大锅旁边，把汤舀到每个人的盘子里，然后再把每个人的那份萝卜和肥火腿添在上面。桌子的另一头则放着水罐，口渴的人尽情畅饮。"啊，"法布尔写道，"我们的胃口实在是太好了，伙食也好极了。尤其是最后再来一道自制的白奶酪，才不算辜负这顿大餐。"

晚饭之后，祖母会用一台真正的纺车纺线，小男孩、小女孩围着她跪坐一圈，快快乐乐地伸手烤火，侧耳倾听。"她给我们讲故事，"法布尔说道，"实际上没什么花样，但充满了奇迹，非常受欢迎。因为在她的故事里，狼是常客，总是弄得我们毛骨悚然。我很想看看狼，但牧羊人从来不让我陪他一起看守他的茅屋。"

听完故事后，法布尔作为最小的孩子可以睡在床垫上，而其他人只能睡在稻草上。由此可见他们多么贫困，但贫困丝毫不影响他的伟大。

到了 7 岁的时候，他要上学了。但是马拉瓦尔并没有学校，他只能回圣莱昂上学。让我们想象一下，我们只有一匹粗壮的小马，或者一头慢吞吞的公牛，拉着两轮车，和他一起驱车回家。他可能很伤心，因为他深爱着祖母，或许甚于爱世上任何一个其他人。他一定花了很长的时间同鹅啊、猪啊和牛啊告别。小男孩并不在意风景如何，所以他也不会回望那些雪峰。

"这些山毛榉曾目送他经过。"贾尔斯说。

"他们已经有 100 多岁了。"

玛格丽特猜测道："时隔这么久，一想到能再次见到他的父母，他一定非常激动。"

第四章

学校与池塘

尘世多纷扰

避远观游鸭，

翘臀撅起，自在悠游，

岸边上，水手般摇摆，

池塘中，鸭子划呀划，

扇状的鸭蹼，忽而左！忽而右！

——哈维

"那是校舍！"杰拉尔丁叫道。他们又将车停在了圣莱昂村庄。"哦！但这校舍还很新呢，而且就在法布尔家旁边。那并不是他曾经上学的静美而有趣的旧校舍；来，让我们坐在他花园的墙头，听他曾说过的话吧。你们猜，他是不是一回来就被送到学校去了呢？"

这件事他没有告诉我们，但他是这样描写他的学校的：

"我学认字的那间房子，该叫什么名字好？不太可能给它取个名，因为它啥都算。它同时用作校舍、厨房、卧室、食堂，甚至还能充当鸡舍和猪圈。在那个年代，学校可不是建得像宫殿一样，一间简陋的小屋就够了。

"从那个房间，有一架梯子通向头顶那一间；梯子下有一个木壁龛，里面有一个大棚子。上面那间有什么呢？我一直没弄清楚。时不时地，我看到老师从上面抱一捧干草下来喂驴，或者挎一篮子苹果，交给管家倒进锅里做馅饼……整栋房子就那两个房间了。让我们回到下面那个房间。南边是一扇窗，这间房里仅此一扇，而且很小，小到当一个人的头碰到了顶部，肩膀就同时抵到了左右两边。那个阳光明媚的窗口是这座住宅唯一的快乐之处；透过这扇窗，几乎可以俯瞰整个村庄，老师的桌子就放在窗户凹进去的地方。

"对面墙上有个壁龛，里面有一只盛满清水的铜桶，波光粼粼。口渴的人随时想喝就喝，喝水用的杯子总是近在咫尺。壁龛顶端的架子上放着闪闪发光的锡制的餐具、盘子和高脚杯，只有在宴会的时候才会拿出来用。

"到处都有亮光照进来的地方，墙上挂着五颜六色的画像，其中有一幅圣母像。窗户右边挂着一幅《流浪的犹太人》，他戴着三角帽，穿着白色皮围裙，脚蹬铁钉鞋，手里撑着一条结实的棍子。在他边上印着一句话——'从来没见一个男人的胡子这么长'，画家刻画入微——老人的胡子披散着好似雪崩般漫过他的围裙，一直垂到膝盖上。

"左边是《布拉班特的吉纳维芙与小鹿》。凶狠的戈洛手里攥着一把匕首，潜伏在茂密的灌木丛中。其上方则是《信贷先生之死》，借款人在自家的旅馆门口被债主杀死。四面墙上的画诸如此类，主题不一。

"如果说那一屋子廉价的画能让我一年四季都快乐的

话，那么到了冬日，天寒地冻、积雪成山的时候，我便收获了另一种快乐。靠墙之处有个壁炉，就像我祖父家的壁炉那么大。它突出的壁架占据了整个房间的宽度。炉火在中间静静燃烧着；左右两边则开辟出两个用木头和砖石搭建而成的小角落，均是床位，上面铺着麦壳当床垫。两块滑动的板子充当窗帘，如果睡觉的人想独处，就把厢门关上。这两个位于烟囱角落的安寝之处，是特权人士的宿舍——两个寄宿生的宿舍。到了晚上，北风自狭窄的山谷入口呼啸而来，雪花卷起旋涡重重，但只要把这两块板子合起来，就能舒舒服服地睡上一觉。"

"看看那座在 20 世纪用石头砌成的、整洁的乡村学校，"佩内洛普道，"那么整齐干净、一尘不染。再看看另一座，虽然破旧不堪，但一位伟大的人物就是在那里开始上他的第一课。"

那间较旧的教室里只有 3 条腿的凳子和长凳，当然没有书桌这种东西。其余的家具也就只是一把沉重得要两只手才能使用的铁铲，一对风箱，一个挂在墙上的盐盒——因为晚餐是在炉火上做的，还有 3 个水满得快要溢出来的大锅，每节课都会冒出蒸汽，轻轻的"噗噗"声好似锅中的沸水在闲聊家常。有时，老师一转过身，胆大一点的小伙子就会拿出叉子往锅里一戳，带出颗土豆夹在自己的面包里。因此，整个上课时间男孩们都在吃东西，要么砸坚果，要么嚼面包皮。他们还有意料之外的乐趣：如果有人把门开着——而且他们会尽量把门开着——就会有一窝小猪蜷曲着细尾巴，哼哧哼哧，成群结队地溜进来。小法布尔特别关注它们，看小猪的讨好方式，它们明亮的眼睛眨巴眨巴地望着你，问你还有什么能让它们美餐一顿。等小猪们都走了，母鸡妈妈就带着小鸡们进来了，这些小鸡黄乎乎、毛茸茸的，很是可爱。小法布尔喜欢在它们啄来啄去的时候抚摸这些柔软的小家伙。

老师是什么反应呢？他似乎很有耐心，除了挥动手绢外，并没有使用更厉害的武器来对付这些入侵者。他是个大忙人，除了当老师，还有很多事要做。首先，也是最重要的是，城堡的主人不在家的时候，他就需要帮忙处理事务。

所有的孩子都转过身来，抬头看城堡——那灰色的庞然大物，呈四方形，十分坚实。其上有4个尖顶塔楼，即便是在法布尔时代也是用作鸽棚的。

"可是现在一定是空荡荡的，"杰拉尔丁说，"我连一只鸽子都没看见。除了赶猪和管理城堡，老师还要做什么吗？"

管理城堡意味着他还必须监督这4项工作：割草晒干、收割庄稼、采摘李子和挤奶。因此，几乎整个夏天一直到秋天，老师和大一点的学生都不在学校，小一点的学生就在干草堆里上课；如果老师正巧需要他们，他们就要去捉蜗牛或者打扫鸽棚。

而且，学校的老师同时也是村里的理发师和敲钟人。因此一举行婚礼或者受洗仪式，学校就停课了。要是遇上了满天乌云也会停课，因为老师必须要去敲钟来提醒人们避开冰雹和闪电。他还是唱诗班的领唱者，所以圣日和星期天的时候也需要他。他调过教堂的钟——可能不是现在教堂的这个钟，但一定是在同一个地方的。因为附近没有别的钟，他就依靠太阳来调时间。

"佩内尔，"贾尔斯道，"你忘了说他还要上课了。"

这位教师必须同时教各个年龄段的学生。年龄小的坐在长凳上，手拿着一份字母表，这本灰色小书封面上印着鸽子，里面写着 ba，be，bi，bo，bu。年龄大一点的孩子坐在桌边学习写字。小法布尔在学习"鸽子"这个词，有时会问问旁边人他写得对不对。但他们知道的并比他多多少。法布尔已经对鸽子了如指掌，记住了它那明亮的眼睛和身上的羽毛。

算术包括加法、减法和十二乘法表；那时候的法国还没有小数的概念。

"哪朝哪代开始的！"贾尔斯喊道，"是法国发明了这可怕的东西吗？"

佩内尔继续道，周六的时候，他们会以背诵乘法表来结束课程。一个男孩会站起来背诵"二乘一得二"，一直背到"二乘十二"，然后全班同学都站起来，一起大声背诵乘法表，声音大得把猪和鸡都吓跑了；依此类推，直到"十二乘十二"。孩子们将乘法表熟记在心，但从来不用。至于阅读，他们只读法语版的圣经故事，而祷告时却用拉丁语。

"那里没有人听说过地理或历史这回事儿。"

"自然课也没有吗？"玛格丽特问道。

佩内洛普笑道："没有，根本没听过。"

"那是什么让法布尔开始研究自然的呢？"贾尔斯问道。

啊！那就是他自己试图解决的谜团了。还记得他曾研究过那只鸽子吗？他说："它圆圆的眼睛周围有一圈斑点，好像在朝着我微笑。它的翅膀，我数得清清楚楚的，每一根羽毛都在向我诉说——它曾在绚丽的云彩中飞翔而过；我乘着这片鸽羽来到山毛榉林中，平滑的树干自地毯般的苔藓上拔地而起，苔藓上的伞菌星罗棋布，好似游荡的母鸡遗留下的鸡蛋；我乘着这片鸽羽飞到雪峰之上，寒风吹拂而过，惟余雪泥鸿爪。我的鸽子朋友太棒了。他安抚了我心底里暗藏的苦闷。还好有它，我才能安安心心稳坐在长凳上，而不是急不可耐地想要开溜。"

同时小法布尔还研究了蜗牛。他打算在那些箱型树篱下收集蜗牛，你瞧，就在城堡附近。但有时候他的心却不听使唤。那些蜗牛实在是太漂亮了，有粉的、白的、棕的，还有带着黑色螺旋环的。他在口袋里装满了最好看的蜗牛，这样就可以随时轻松自在地欣赏它们了。

在垛干草的时候，他邂逅了一只青蛙，或者一只比天空还蓝的甲虫。他发现了野生水仙花，学着品尝花蕊中甜蜜的花蜜；但他也发现，如果吃得太多就会头痛，但他仍然热爱这美丽的红蕊白花。

"我很高兴我们来时经过了这样一片田野，"杰拉尔丁说，"但是它们还没长到那么高。"

在捡坚果的时候，他研究了一下蟋蟀，发现它们有的翅膀是蓝色的，有的翅膀则是红色的。

"我并不需要老师，"他说，"我对动植物的热爱是自然而然的。"

但总有一天他要读书认字。他父亲从城里给他带了一张卡片，卡片分成好多方块儿，上面的字母表是由动物的首字母组成的。A 代表驴子（Ass），依此类推。因为他已经爱上了这些动物，也知道它们的名字，所以字母的意义反倒是他最后才明白的。但他对河马（Hippo）一无所知，所以他只对字母 H 感到困惑。还有字母 Z，因为他也没见过斑马（Zebra）。

后来，作为读书认字的奖励，他得到了一本《拉·封丹寓言》。这本书里也提到了很多飞禽走兽，拉·封丹就此成为他的朋友。我们必须加快脚步，去看看这个村庄里还能否找到他提及过的其他东西。

恐怕他说过的那棵坚果树已经从他的花园中移走了。这棵树以前常常从公证员的花园中将树枝伸到法布尔家的墙边，法布尔和他的哥哥弗雷德里克就会攀爬上去，冒着危险悬在那么高的地方采摘坚果；葡萄架也没了，法布尔曾为此深感骄傲，因为村里没有其他人种葡萄。但他家的南墙似乎仍然阳光充足，甚至可以在上面种葡萄。

从小屋的唯一窗口中向外眺望，可以看到那绵延的山丘，风吹得那山顶上的一排橡树簌簌摇曳。法布尔在那扇窗户旁边系上了他的字母卡片，这样他就可以同时看到这个世界和他亲爱的卡片老师。

从这扇窗户，他可以俯瞰村庄、山谷、溪流、山毛榉林和那座绵延的山丘。这座山丘将所有景物都围绕起来，也使小男孩的世界止步于此。但某一天，他本来打算要爬上山顶去看看那些盘虬卧龙般的树木，却在路上看见了一只鸟自石头间飞掠而过。他停下来观望。走近了一些，生平第一次发现了一窝鸟巢和鸟蛋。他拿了一颗鸟蛋，在路上遇到了牧师。

"你拿着什么？"那个人问道。

法布尔惭愧地摊开双手，给他看垫着苔藓的蓝色鸟蛋。

"啊！这是一枚石鸥的鸟蛋！"

他承认了自己的罪过，并承诺把鸟宝宝还回去。小男孩法布尔自那天起才知道鸟也是有名字的。如果鸟有名字，那么飞禽走兽和鱼类或许也有名字。他继续问自己，是谁给它们起名字的呢？

"所以，那边那些……"玛格丽特说，"就是伫立在天际线上的树吧，虽然他和它们擦肩而过，但那些树也在观望着他呀。"

随后孩子们踏上了屋后那条通向城堡的岩石小径。他们面前是一处遮蔽好的泉眼。

佩内洛普说，那儿就是过去村民们常常取饮用水的地方，这样就不需要一路走到喷泉那里了。

有一天，当法布尔家越来越穷的时候，他们的父亲说："看看那位磨坊主，他不仅有自己的生意，还能靠养鸭赚钱。我们也得养些鸭子。"实际上，父亲的话法布尔都听进去了，他只是把手肘支在桌上假装睡觉。这可是他听到的最激动人心的谈话，知道自己要如何成为一名赶鸭人，帮助他的父母赚钱。好了，鸭蛋有了，鸭子也孵出来了，但是有一段时间，小鸭们还需要一个池塘。法布尔要带它们去戏水。可是能去哪儿呢？沿着村子走太危险了，因为村子里有狗、猫还有其他东西。而我们对面那口泉水呢？他说，别人绝不会允许他用来给小鸭子戏水的，毕竟那会把泉水弄得很脏。但沿着这条路走远些，他另外发现了一个天然池塘，那是你正在穿过的那条小溪所形成的池塘，贾尔斯，那儿果然有一个池塘！

所有的孩子都向前走，身子俯靠在城堡低矮的墙上。

在长满青草的台阶上，在城堡的围墙里，确实有一个方形的小水塘。

"不是那个，"杰拉尔丁说，"这个更有可能是，绕过这个拐弯处，也就是溪水横流的地方，那是个池塘！"

确实如此！这是一个约 1 米长，0.6 米宽的池塘，靠近池塘的地方有一条小小的瀑布，山涧自小砾石间潺潺流过，一直漫到了小路上。但城堡里的池塘，小路上的池塘，以及孩子们所能找到的任何一个池塘，都无法和法布尔所描述的池塘完全一致。

　　最后，他们断定，那些在法布尔时代之后才建起来的新农舍，破坏了真正的池塘。因为他们将溪流引进了一根铁管中，汩汩流水就能为人们所用了。

　　虽然法布尔的池塘没了，但那瀑布还在那儿，他们就坐在旁边继续听故事：

池塘的故事

"在高处，城堡后的小径陡然大幅转弯，通向一片小平原，与草地接壤。草地铺散在多岩石的崎岖山丘间，从山上流下的涓涓细流形成了一个相当大的池塘。那里一整天都很安静。小鸭子们会很开心，而且道路偏远僻静，它们在路上也不会遇到什么危险。

"小伙子，能把它们带到了这么个好地方，算你走运！啊！多么伟大的一天啊，我成为牧鸭人的第一天！为什么快乐总会被一些事情破坏掉呢？我可怜的脚那么柔嫩，走过了太多的石头，当天我的脚上就起了一个大水疱。我只好光着脚走，小心翼翼地踮着脚，以免受伤的脚后跟踩到地上。

"就这么着吧，就这样一瘸一拐地，手里挂着拐杖，跟在我的小鸭子们后面！它们的脚也很柔软；一边摇摇摆摆地走，一边嘎嘎地抱怨着。有时候我们走到一棵白蜡树下，即便我不喊停，它们也会一起停下来。

"最后我们终于到了。对我的小鸭子们来说，这地方真是完美：浅浅的、温温的水和一块块的苔藓泥，就像小小的绿色岛屿。它们马上开始戏水。小鸭子嘎嘎地叫着，扇动着翅膀扑腾着。它们喝了水，却让水从嘴里流出来，只把美味的部分咽下去。在水池更深的地方，它们撅着尾巴，把头埋在水里，好不快活！让它们自己待着吧。该我享用这池塘了！

"这是什么？泥地上有煤烟色的绳结，很像旧针织袜子上的羊毛絮。某个牧羊女织黑袜子时，对自己的作品不满意，一遍遍地重来，然后不耐烦地把羊毛扔出去，羊毛上还保持着织针钩出的纹路——人们真的会这么想。

"我捡起其中一条绳结的一头放在手中。它很有黏性，也非常柔软。它从我的指缝间滑落，无法抓住。有些绳结裂开了，里面的东西也没了。

"我忽然看见了一个针头大小的黑色小球带着一条扁平的尾巴冒了出来。我认得出，这——是一只蝌蚪。是青蛙的孩子！我见过的蝌蚪已经够多了，所以我不再为这些弯弯绕绕的绳结而烦扰了。

"接下来的事情更让我高兴了；它们在水面上游来游去，它们的后背在阳光下闪闪发光。如果我抬起手去抓它们，它们立刻就逃走了。去哪了呢？我不知道。太可惜了。我想近距离地观察它们，让它们在我准备的小水盆里扭来扭去。

"让我再瞧瞧水底，将那一串串的绿线清理干净，绿线里的空气好似珍珠一般上升聚拢，浮成泡沫。在那绿线下，什么都有；漂亮的小贝壳密密麻麻地积聚成塔；小蠕虫身上的羽毛徐徐展开；长着柔软小翅膀的东西在它们的背上不断移动。它们都在做什么？它们都叫什么名字？我都不知道！我只能目不转睛地盯着它们，折服于水中的奥秘，实在是太不可思议了。

"在池塘水漫到草地的地方伫立着一些赤杨。

"然后我便有了一个绝妙的发现——一只甲壳虫，块头不是很大。噢！不对，它比樱桃核还小，但身上的颜色却是一种妙不可言的蓝色——天堂里的天使穿着的衣服一定就是这种颜色。我把这只漂亮的小动物放进一个死蜗牛壳里，用一片叶子把它关在里面。这样回家的时候，我就能欣赏这颗'宝石'了。与此同时，其他东西吸引了我的注意力。滋养池塘的喷泉正从岩石中潺潺流出——清澈而冰冷。水首先积聚成一个盆大小，就像我的两只手所能掬出的那么多，然后便满溢而出。用这一圈水来做一个水磨再适合不过了。两根稻草巧妙地交叉在一个轴上充当转轮，再将扁平的石头竖起来提供支撑。真不错！水磨转得很好。如果我能跟别人分享这一成果就好了。因为没有其他人在，我只好把鸭子请来了。

"尽管如此，一切都变得单调乏味——即便是用两根稻草做的水磨也是如此。再来造一座水坝吧，就用这里最不缺的石头来造。我挑出那些最合适的石头，再把块头太大的石头敲破。突然，有件事让我停止了建造水坝的打算。

"其中一块碎石上，有个像我拳头那么大的洞，洞的底部有什么东西像玻璃一样闪闪发光。整个空间中布满着闪闪发光的小晶面，都是六边形的，在阳光下闪烁着。教堂有宴会的时候我曾见过类似的东西，那就是晶莹的蜡烛上反射出的祭坛的光芒。

"我也听说过关于神龙守护着地下宝藏的故事。夏日的夜晚，孩子们坐在打谷场的稻草上，互相传诵着这些故事。宝石这个词裹着光辉在我耳边含糊地回响着。我梦见国王的王冠和公主的钻冕。在打碎一块石头的过程中，我是否发现了比母亲戒指上那颗小小的宝石更贵重的珠宝呢？我还得多找一点。守护地下宝藏的神龙非常慷慨，赐予我巨量的钻石，让我成为宝石的拥有者。它们积聚在一起，闪耀着光芒，绚丽而夺目。不仅如此，它还把它的金子赐予我。涓涓细流自岩石间汩汩流出，落在细沙床上，又将沙子掀翻过来。如果我斜着身子，面向太阳，就能在落下的水流边缘看见一片金光。这就是他们用来制作路易金章的名贵金属吗？路易金章在国内可稀有啦！不管怎样，它也够亮了！

"我又砸了另一块石头。噢！这个有趣的东西整个脱落，掉在了我的手里。它呈螺旋状旋转，像个小公羊角一样。它是怎么钻进石头里去的呢?

　　"我的口袋里鼓鼓囊囊塞满了奇思妙想和无价之宝。天色将晚,小鸭们已经把它们能吃的都吃光了。我满心欢喜,全然忘了自己肿胀的脚后跟。

　　"回家的路上,我就像在过节一样。一个声音在我心中歌唱。它没有语言,却比文字更柔和,如梦似幻。它第一次讲述了池塘的奥秘;它颂扬了天界的昆虫,我能听到它正在蜗牛壳里,在这临时的笼子里爬来爬去;它低语着岩石的秘密,成粒的黄金,切割的钻石,变成石头的羊角。噢,可怜的傻瓜!收起你的快乐。到家了。我的口袋看起来鼓鼓囊囊的,满满当当都是石头。口袋不堪其重,坠得垮下来,而且锯齿状的边缘也将口袋划破了。

　　"'你这个顽皮的小呆瓜,'我的父亲喊道,'我派你去照看鸭子,你就只顾着自己捡石头玩吧,好像在我们房子周围的石头还不够多似的!把你的鹅卵石扔掉。'

　　"我的心碎了,只好乖乖听话,把钻石、金沙、石化羊角、来自天界的甲虫,通通扔进了垃圾堆。

　　"我母亲很伤心:'把孩子们拉扯大,就是为了看着他们走错路么!你真是伤透了我的心。你可能确实拔了草来,也确实可以喂兔子。但是石头会扯坏你的口袋!虫子会毒烂你的手!傻瓜!你要那些做什么?鬼迷心窍了。'"

"我想，"杰拉尔丁说，"从那以后，只要没人看到，他就会把口袋塞得鼓鼓的！而且现在他的雕像上，口袋也永远是鼓鼓囊囊的。"

"现在该去村子了！"贾尔斯喊道，"可我们要怎么下去？"

确实需要手脚并用。难怪法布尔说，即便是脚步稳健的骡子也不能安心驮着货物走那条路。只见一条崎岖的石阶穿过四散零落的花园延伸而下，花园中开满了梨花和梅花，还有灰色的老房子静静伫立其中。在那里，他们看到了上面一层的磨坊，有一堵高墙，亨利曾踩着一个玩伴的肩膀，从磨坊顶上四处张望，看见静静的水停滞不前，一条蝾螈在里面游动。

然后他们来到一条可爱的小溪边，踏上汀步。紧挨着溪水的是法布尔曾提到的那些赤杨树和白杨树，状似拱形，根还埋在水里。那儿还有一些小鱼，所以孩子们知道他们已经发现了法布尔观赏红脖鲹鱼的地方。

"法布尔是怎么形容它们的呢，佩内尔？"贾尔斯问道。

他写道："这里就是那些打着红色领带的小鱼儿的窝。让我轻轻地，非常轻地向前挪动，趴在地上看。多美丽的小红鱼啊！它们成群结队地逆流而上，鼓起腮帮子，再吸进去，一小口一小口地不停过滤溪水。为了在水流中保持静止，它们只需颤动尾巴或者鱼鳍就可以了。一片叶子自树上轻轻落下。嘘！它们全跑了！"

　　小溪的另一边是一片山毛榉灌木林，枝干细长而光滑，法布尔非常喜欢。法布尔在那里第一次认识了伞菌，他写道：

　　"木头上爬满了青苔，一脚踩上去，就好似踩到了柔软的天鹅绒上，然后就看到了一株伞菌，它的伞盖仍然是闭合的，看起来像一只游荡的母鸡留下的蛋。这是我第一次采到伞菌，我第一次在手指间把它翻来覆去，一点点了解它的结构，带着一种朦朦胧胧的好奇心，这就是观察力的觉醒。我很快就找到了其他的伞菌，形状、大小、颜色都不一样。这对我来说是一场视觉盛宴，我从未见过这样的东西。有的是钟形，有的像灭火器，有的像高脚杯，有的像纺锤一样拉长，有的是空心的——好似漏斗，有的则像圆球。我还遇到了一些伞菌，它们被扯坏的时候，会流下乳白色的泪滴；还有一些伞菌被我压碎的时候，马上就变蓝了。我还看见过一些大伞菌，一碰就烂，还有一些满是虫子。还有一些是梨形的伞菌，干干瘪瘪的，底部有个洞，好似一个烟囱，我用指尖轻轻敲打就会冒出来一阵烟雾，这是最奇怪的了。我把它们装在口袋里，在家里我让它们尽情地释放烟雾，直到它们空空如也，只剩下一种糨糊的模样。

"我到山毛榉林中去的次数多了，总算是能将我的发现分为 3 类：伞菌底部要么呈射线状分布，要么呈满是小洞的软垫状，要么呈满是丘疹的软垫状。"

后来，法布尔发现他这种分类早就广为人知了，不同的伞菌种类都有各自的拉丁文名字。他说："伞菌在我心中的地位与日俱增。要配得上一个拉丁文名字，就必须确确实实是举足轻重的家伙。"

接下来，他们4个人试图找到法布尔的另一个地标：*泰勒树*——一棵巨大的菩提树，树干上有个巨大的树洞，过去村里的孩子们常常和法布尔在里面玩捉迷藏。但无论他们怎么找，也找不到那棵树。法布尔说，在它巨大的树荫下，过去常常举办集市。在小法布尔的生活里，赶集是一年一度的盛事。那时他才明白，世界并不局限于他那环抱的群山之中。法布尔看见骡子驮着皮囊运来了葡萄酒，还有一罐罐的炖梨和一大篮一大篮的葡萄，这些罕见的东西让每个人都垂涎欲滴。他很喜欢那个转转乐，只需花半个便士就能赢得一根红色的麦芽糖棒或一瓶甜茴香，不过也有可能啥都转不到。

花色各异的棉布成卷铺在地上，惹得女孩们掏腰包购买；那儿还摆放着成堆山毛榉木做的木屐，那时所有的乡下人都穿木鞋。

还有男孩子们用来玩的陀螺和木制的笛子。法布尔说，不仅女孩们被引诱着去花钱，男孩们也被笛子吸引，想拿去对着羊群吹。

"还有，"贾尔斯几乎叫喊了起来，"就在今天早上，我们遇到的那些牧羊人不就是吹着口哨呼唤他们的羊过来的吗？现在我确实觉得那很有趣！想象一下，古书上讲，笛子是用来吹给羊听的，而你也真真切切在这周围听到了，其他国家可能根本没有人想到过这样做。历史毕竟是历史。"

"贾尔斯只是说，音乐有时也会写入历史，"杰拉尔丁说，"我们看不到集市上的那棵巨大的空心菩提树，那我们必须要到村子里去。"

从教堂门到广场是一条陡峭的山路。那儿确实有一个很小的广场，而且有法布尔描述的拱形喷泉，而且似乎是为了让孩子们高兴而特意安排的一样，那儿正有一个女人在用沙子和醋擦洗锡盘。法布尔说他能透过卧室的窗户听到外面的喧嚣，那喧嚣还在继续，就像对羊群吹的口哨声一样。

第五章
法布尔霉运缠身

现在，让我们跟随法布尔的脚步踏上另一段旅程吧。他 10 岁时，父母离开了这个村庄，去了罗德兹镇生活。那时候法布尔并不在乎，因为小男孩总是喜欢新鲜事物，但到了后来，他常常思念他的故乡。

　　马车承载着这家人想要保留的全部财产，沿着漫长的小路缓缓地朝着炉木镇前进。法布尔的父亲尽管在工作上常常失败，但却是个乐天派，总是相信自己会在新事业上取得成功。这一次他打算在奥弗涅省的主要城市罗德兹开一家咖啡馆。他是家族中第一个离开乡下住进城镇里的人，他觉得或许正是乡下那片荒野造成了不幸；也或许他认为城镇里遍地黄金。马车缓缓而行，他们会经过通往塞居尔的小路，安托万可能会告诉孩子们居住在马拉瓦尔的祖父母 1791 年曾在此签订婚约。也许古老的山毛榉林依旧伫立在那山丘上，目送他们远行，让法布尔不由得想起他抛在身后的那绚丽多彩的伞菌。

　　随着他们渐渐接近罗德兹，这座城市的名胜风景逐步展现，实是令人难以忘怀。一座城市高踞在孤山之上，映衬着天穹；它那玫瑰红的大教堂，正如玛格丽特所说，"就像一只巨大的鹰在巢上孵蛋，塔楼和房子便是巢上的树枝"。

孩子们也终于到达了罗德兹，但那里的人并不认识法布尔，或者他们就和这群孩子们一样，也只是因为法布尔声名远扬，才从书本上对他有所了解。孩子们焦急地四处询问，可却没人知晓法布尔住在城里什么地方，也没人知晓法布尔是否上过福煦公立学校。

"当然，就是它了，"他们在街角问到的一位老人回答道，"这是一所古老的中学，自从'一战'以后才叫它福煦中学，因为斐迪南·福煦也在那儿上过学。"

他们虔诚地望着那座高耸的教堂，因为法布尔只要肯在那儿当弥撒的辅礼人员，就可以免费上学。法布尔和另外3位辅礼人员头戴红帽，身穿红色教士服和白色长袍，负责在做弥撒时按铃，并在仪式期间将祈祷书从一个地方搬到另一个地方。但是法布尔是4人中年龄最小的孩子，对他所做的事情一无所知；所以他只做了4回，就将这差事交给了其他懂这规矩的人。

"我微微战栗着，"他说，"我们两个人从这边，另两个人从那边，一起朝中间走，在圣坛中央相遇，共同吟唱；我承认，我羞得说不出话来，就只好听着别人唱。"

但法布尔在罗德兹上过真正的课程，学习了拉丁语和希腊语。

他希腊语学得很好，但希腊神话对他来说似乎很陌生。希腊神话中，卡德摩斯播种下龙的牙齿，这些牙齿长大成人后互相残杀，只剩下了其中一个。法布尔听了卡德摩斯的故事后感觉脑洞大开。他喜欢维吉尔，因为维吉尔谈论过蜜蜂和蝉、雉鸠和乌鸦，并且还将其写入了夸张的诗篇中。小法布尔既爱这些动物，也爱维吉尔的诗篇。这对他来说是一件幸事。他为了这些飞禽走兽而阅读维吉尔的作品，也因此学习了拉丁语。后来他陷入贫困时，他的拉丁语帮他通过了考试，这又反过来让他有机会了解他那些小动物。

罗德兹有一条通往阿韦龙河沿岸草地的小路，法布尔在罗德兹的绝佳乐趣就是沿着这条陡峭的小路漫步。每个星期四和星期天的下午都会有半天休假，法布尔则根据一年中不同的节气去寻找这里乡村的物产。

"水仙花！"玛格丽特喊道，"看！满地的水仙花，它们的叶子给草地涂上了点不一样的绿色，只有一些水仙花开了，还有好多樱草！"

确实，法布尔曾提到，他发现了水仙花和樱草；看到了巢中的红雀；还曾等待在清风吹拂的白杨下，看看有没有金龟子从树枝上掉下来。虽然法布尔不曾说过，但他一定发现了蛇头贝母，因为贝母的紫色渲染了整片草地，而河岸上也重重叠叠地铺满了紫罗兰。

听到了吗？火鸡在咕咕叫！你知道法布尔和他的年轻伙伴们是怎么对待火鸡的吗？他们会抓住一只火鸡，把它的头放在翅膀下，一直晃，直到它昏睡过去，然后再将它放进田野里。这东西会一直静止不动，他们就继续对一整个火鸡群如法炮制，直到后来一位农民的妻子怒气冲冲地抓住了这群小坏蛋，这可就有麻烦了。法布尔后来说，他认为火鸡是被催眠了。

法布尔在罗德兹一直住到了 14 岁，后来父亲经营咖啡馆失败，就搬去了图卢兹。

"我们要动身去那儿吗？"贾尔斯喊道。

不！法布尔只在那儿待了一年，也没告诉我们那里的事。他作为一名享受免费待遇的学生进入了这所公立学校，并在此完成了他第 5 年的学习。这就是我们所知道的一切了。有人说，法布尔当时在考虑从医，可是他们的家运不好，也可以说他们拜堂听见乌鸦叫，或西瓜皮做帽子——倒霉透了，因此变得一贫如洗。在普罗旺斯炎热的南部平原——美丽的蒙彼利埃，他们又试着开了一家咖啡馆，但也没有成功。这一家啥都没了，法布尔不得不四处奔波，寻求谋生之道。他变得郁郁寡欢、孤独无依，而且大部分时间都是饥肠辘辘。他不愿回首这段旧时光。和大多数生活的勇者一样，他认为不快乐的事还是少说为妙。

"从今以后，"他自勉道，"男儿当自强了。生活将如可怕的地狱，要尽快度过这一劫。在如此悲惨的境遇中，我对昆虫的喜爱本应早已消逝，但事实并非如此。我仍记得，我第一次邂逅的那只金龟子，就像一缕阳光照进了我黑暗不幸的生活。"

法布尔讲的第二个关于自己的故事发生在博凯尔附近。

"那我们就去那儿吧。"杰拉尔丁说。

当天下午，他们离开了罗德兹，又向南出发。他们沿着奥弗涅奇怪而寂静的山谷前进，经过了许多有着美丽名字的村落：塞韦拉克教堂、小河村、玫瑰村。他们还发现了一种之前从未见过的花——雪割草，有些人称其为最漂亮的野花。雪割草呈灰蓝色或白色，像一颗硕大而柔软的星星生长在岩石缝隙中。悬崖高耸，俯瞰着道路，雪割草这一抹抹色彩点缀其间，煞是可爱。自尼姆至博凯尔这条路本身没有什么有趣之处，至少对这群孩子来说是这样的，因为他们已经被好运宠坏了，见识过了太多可爱的事物。只见路两边金褐色的灌木丛青翠幼嫩，几株柏树偶现其中；花园四处皆是，高高的树篱将其簇拥着、保护着；也能望见各处长着斜面香蒲的一洼洼沼泽。

正是在那条著名公路上的某处，法布尔饿着肚子四处游荡，东一串西一串地采葡萄充饥。他途经此处时正值秋季，串串葡萄堆垒而下。而法国作为一个大量种植葡萄的国家，是允许此类行为的；无论何时，只要能挣到一便士左右，他就会去给人打下手。然后在某一天，他会将自己辛苦挣来纾困的钱换一本诗集。为了这本诗集，他不得不放弃吃晚饭，因为买书已经花去了他最后一便士。不过，他可以朗诵书中的诗行，也好让腹中饥饿消解一二。

诗集的作者是诗人雷布尔，也是尼姆市的一名面包师。或许法布尔朗诵诗篇的时候，也会忍不住想到这位诗人做的面包，热气腾腾、松软可口，令他垂涎欲滴。

这条路上还有许多诗意隐约其中。看，博凯尔高塔耸立，遮挡住了天际线，或者那也可能是塔拉斯孔，因为这两个城市是双子城。

这里有一则塔拉斯孔的故事：

在百年战争时期——说起来很轻巧，但那可是百年战争！一个人的一辈子都生活在战争时期，而父辈和祖辈也一直生活在一场无休止的战争中，那一定很可怕。整个美丽的普罗旺斯，这片最富饶幸福的土地，都被英格兰人夷为平地，战火纷飞、饿殍载道、黑死病肆虐，土地满目疮痍，人民苦不堪言。英格兰人在塔拉斯孔顽强抵抗，安茹伯爵为了法国人民将塔拉斯孔团团包围，但却徒劳无功。

但就在这条路上，有一个手无寸铁的假释囚犯骑着马过来了。伯爵对他说："告诉我，既然你的本领很高明，怎么才能拿下塔拉斯孔？"这位行者没有回答，他骑上马，来到这座四面楚歌的城市，赤手空拳地坐在那儿，像一个小学童一样剥着一根白柳枝的外皮。他坐在那儿的时候，荒唐的谣言满城飞。人人都知道了城墙外有这么个人，但却没人注意他手无寸铁。而城内的人便散布谣言说外面有一个巨人、一个妖精、一个可怕的东西、一股势不可挡的力量来攻打城市。就这样，不费一兵一卒，塔拉斯孔人仅仅想到伯特兰·杜·格斯克林已然马踏城门，就投降了。

博凯尔的故事梗概则是这样的：博凯尔伯爵之子奥加西恩深爱着妮珂莱特。妮珂莱特肌肤白皙，容颜娇美，当她赤足走在雏菊中，雏菊也为之黯然失色。可妮珂莱特的父亲为了拆散这对恋人，将奥加西恩关进了博凯尔的一座地下监狱中，这座监狱高墙深深，都是由双层的大理石筑成。妮珂莱特深夜中听着夜莺呖呖，思念起了她的恋人，便把她的床单撕成几条，制成绳子，一头儿拴在床架上，然后顺着绳子攀爬下去，落进花园，溜进高墙的阴影下，与奥加西恩互诉衷肠。这是一则由古代法国诗歌讲述的故事，古老又可爱。

那法布尔在奥加西恩和妮珂莱特的城市里做过什么事呢？他曾在这里的集市上卖柠檬，还加入了铁路工人的行列，在铁路发展的早期，铁路工人铺设了从博凯尔到尼姆的第一条铁路。

他还邂逅了松树鳃角金龟子。

这种金龟子长得很漂亮，栖息在松树上，身着一件白色压花的棕色天鹅绒上衣，头戴着一根华丽装饰，其上有着7条羽毛样的流苏。它是做什么用的，法布尔不知道，可能就是为了吸引雌金龟子的目光吧。

它一般都是默不作声，但当遇到麻烦时，就会以一种悦耳的吟唱来表达不满。

"金龟子是怎么做到的？"贾尔斯问道。

它用自己身体柔软的末端与翅膀的尖利边缘相互摩擦，就发出了悲伤而富有节奏的声音。这种声音类似于你把柔软的手指浸湿后，摩擦玻璃酒杯边缘所发出的声音。

其他一些甲虫也会奏鸣。例如，如果一只小家伙知道在地下的某个地方有松露，它就会演奏音乐。法布尔将6块松露埋了起来，每个地点都用一根长稻草做了标记，所有的洞口都填上了几厘米厚的沙子，再将表面拍平，这样就没人能看到底下有什么东西了。在此之前，他首先查明了这种松露没有气味。可当他将6只甲虫放在沙子上时，它们都发现了自己的松露，试都不用试，直接挖下去，然后得到了松露。而且在悲伤沮丧的时候，那种小甲虫也会用身体摩擦翅膀，发出一种如泣如诉的乐音。

天牛类的甲虫也会奏鸣，但它们用腹甲摩擦胸部来发声。像前面两种甲虫一样，它们也会用音乐来表达厌恶或痛苦。法布尔说，其他的昆虫用音乐来"安抚它们的孤独，或者呼朋引伴，或者仅仅是表达对阳光或生存的喜悦"。一旦危险降临，这些音乐家大多就默不作声了。稍有扰动，蚂蚱就会合上它的音乐盒，蟋蟀就会放下翅膀，停止翅膀升起时产生的振动。而蝉却恰恰相反，一旦被捉住就叫得死去活来。为什么危险临近时，天牛和蝉会发出声响，而蚂蚱和蟋蟀却是默不作声呢？

法布尔还会问自己另一个问题："昆虫能听到我们的音乐吗？"他的一位朋友送给了他一个音乐盒，声音格外清脆透亮。法布尔用这个音乐盒演奏《科尼威尔的钟声》给金龟子听，"叮当叮咚"，悦耳动听。

　　"这只昆虫一动不动，好似在那儿冥思默想，"法布尔惊呼道，"它羽毛似的流苏仍保持着完全相同的位置，就和周遭一切都安静时一样。"法布尔将这支曲调演奏给另外两只昆虫，得到了同样的结果。他评论道，即便火炮隆隆，也不会打扰这只蝉的音乐会。"我们能由此认为昆虫是听不到声音的吗？"他提出问题后又做出了解答，"现在这么说还为时尚早。通过这些实验，我们只能说昆虫的听觉和我们人类的听觉是不一样的。"

第六章

阿维尼翁的著名一课

很久以前，众王建造了她，骄傲而敬虔，

塔楼、坟墓和雕像鳞次栉比，整洁有序，

气韵优雅如花，爱意绵绵不尽，

伟人鸿儒漫步于街，来往不绝。

——弗莱克

于是，法布尔离开了他邂逅第一只金龟子的小镇博凯尔，来到了阿维尼翁。这座城市里故事累累，正如那雄伟的罗纳河波涛汹涌、水流充沛。

　　过桥时，他也许会停下来看一看波光潋滟的罗纳河，或者看看河对岸教皇们富丽堂皇的宫殿，因为从前有几位教皇势不两立，其中一位掌管着在阿维尼翁的教廷。法布尔也许会久久地凝望左边那座有礼拜堂的断桥，因为关于那座桥，有一首很古老的儿歌；尽管这只是一首儿歌，但却使这座桥与圣克莱门特教堂的钟声一样闻名于世。

　　　　"你路过阿维尼翁桥，

　　　　　人们在阿维尼翁桥上跳舞，

　　　　　人们围成圈载歌载舞。"

他望着面前的大城市，也许不知道怎样才能既谋生又继续研究乡村事物。他只知道一件事，那就是他必须非常努力地工作。

在阿维尼翁有一所沃克吕兹学院，男孩们在那里接受小学师范培训。即使在那时，法布尔也渴望上大学学习科学，但他没有钱，这也就成了奢望。他尝试了培训学院的入学考试，成绩优异，获得了一笔助学金，让他在两年中有地可住、有饭可吃，还有学习的机会。有人好奇他的衣服从哪来，但法布尔并没有提及此事。

"那所学院就是下一个我们必须要找到的地方，"玛格丽特道，"但怎么找呢？阿维尼翁这地方又大又繁华，到处都是游客。"

这座城市电车拥堵的主干道上有一座喷泉花园，他们就站在这个花园的围栏旁，想象着在那个炎热的早晨，梧桐下的树荫是多么凉爽诱人。

我去取点钱，你们不如去逛逛花园吧？佩内洛普说，你们在那儿也很安全。

几分钟后，孩子们看见她从银行里跑出来，银行家紧追不舍。不，没有发生什么可怕的事情！只是碰巧法布尔的学院就在那片花园里！这位银行家很兴奋地向佩内洛普指出了它的确切位置。它早就被废弃了，阿维尼翁在一两公里外新建了一所富丽堂皇的培训学院，但那座古老的圣玛尔西亚教堂仍然矗立在那里，高耸在一片梧桐树之中。在法布尔的时代，只有上文法学校的富裕男孩们才能在那座教堂上课，而初级培训学院的男孩们再怎么渴望入学也无济于事。

培训学院就矗立在教堂旁边，对于年轻的法布尔来说，那座教堂是个极为浪漫之所。第一，是因为教堂不允许他进去，第二，是因为他曾听说那座教堂里会教授一门新奇陌生的学科。

"那是一个魔法师之窟，"法布尔写道，"尖塔上，一只生锈的风标发出哀鸣；傍晚时分，有些大蝙蝠绕着高楼盘旋，还有些钻到石像鬼身下；深夜里，猫头鹰在窗台上号鸣，而那巨大的拱门下有位化学家在工作。他在做什么邪恶混合物？哪能让我知道？"

那座教堂有趣在于那里开设化学课，但法布尔当时并不懂化学是什么。在他的培训学院里从来没提到过化学。他听过这个词，但却把它与"一个头戴魔术师星光尖帽，手拿魔杖的人"联系在了一起。学院里遗漏的课程不仅仅是化学一门，科学也仅包含了算术和零星的几何知识。

"至于物理，"法布尔说，"那几乎也没教过。他们简要地教了我们一些气象学知识，例如四月的月亮、霜、露、雪、风，这样我们就可以和农民好好地谈论天气和雨水了。他们完全没有教过我们博物学，从没说过植物，从不谈论行为有趣至极的昆虫，对石头也是从来都只字不提。我们对大自然世界的所有这些可爱的窥视都遭到了拒绝。死气沉沉的语法是我们生活的全部。"

他过去常常爬上圣玛尔西亚教堂的窗户，想瞥一眼化学课上的内容。但由于透过那一扇窗户只能看到一个壁龛，所以他只能看到别人清洗试管的过程，他称试管为"学问玻璃"。

"让我们去探索教堂吧！"贾尔斯喊道，他等不及了。于是，他们走出花园，左拐进入了一条拥堵狭窄的街道，那里的人行道很窄小，以至于圣玛尔西亚教堂围墙上的灰尘都在他们的肩膀上留下了印记。那里矗立着奇形怪状的钟楼和法布尔所描述的石像鬼；还有一扇巨门，法布尔最终获准进入那扇巨门，上他的第一节，也是唯一一节化学课；在他们面前的是那个壁龛和法布尔窥视过的窗户；另外一边则是哥特式的拱门。但是余下的都已不复从前，因为教堂现在又再次承担起了教堂自身的作用，学生听课时坐着的长凳也没有了；还有过去放着蒸馏瓶、试管和一台沾染各类化学品的大桌子也都没了，取而代之的是一方圣餐台。虽然教堂尚在修缮，但工头允许他们4人坐在一块木板上，由佩内洛普给他们读法布尔第一节化学课的故事。

"我们的数学教授每周来两次，教我们运算的三级法则和三角形的性质。他有个绝妙的主意，要让我们举办一场学习节来庆祝学期的结束。他答应给我们看氧气。作为文法学校科学老师的同事，他获准带我们进入那间著名的实验室，让我们用自己的眼睛看到氧气。氧气！是的，氧气！这种气体能使一切都燃烧起来。那就是我们明天将要看到的东西！我一整晚都没睡。

"今天是星期四，晚餐饭点刚过。化学课一上完，我们就要步行前往莱桑格莱，这是一个坐落在河岸上的可爱小村庄。所以我们都穿着自己最好的衣服——黑大衣、高帽子，这身行头只有在做礼拜的时候会穿。

"我们跨过门槛，战战兢兢。我发现自己身处在有着哥特尖拱的高耸殿堂中，在这个古老空旷的教堂里，人们的声音四处回荡，光线从彩色玻璃窗散射进来。后面是一层层巨大的台阶，可供数以百计的人坐那儿聆听。对面那头是唱诗班所在的地方，如今则是一台庞大的壁炉架，占据了整个房间的宽度。教堂中间则放着一张沾染了各类化学品的大桌子。桌子一端有一个涂了柏油的盒子，里面铺着铅，装满了水。我立刻就明白了气体就收集在那个桶里。

"老师开始实验。他拿了一个无花果形状的玻璃制品，从一卷折纸中倒了些黑色的粉末进去。他告诉我们，二氧化锰中含有氧。硫酸是一种油状液体，也是一种最强力的药剂，可以把氧释放出来。将蒸馏水置于点燃的火焰上，并与大桶中的水连接。我们要等到热度起作用。

"我的伙伴们将仪器紧紧围住，总觉得还不够近。他们在准备工作中搭了把手，将有些倾斜的蒸馏瓶扶好，把木炭吹起来。我不喜欢对未知事物有太过随意的举动，也讨厌那些总是争先夺后的人。我甘心隐在幕后，因为有太多的其他的东西要看。我利用这个机会来看看整个化学武器库。这些瓶子上的名字看起来多么可怕啊!

"突然,'嘭'的一声!踩脚声、尖叫声、痛哭声此起彼伏。发生什么事了?我赶忙跑到房间的尽头,这时蒸馏瓶已经爆裂,煮沸的硫酸四处泼洒。墙上全是它迸溅灼烧的斑点。我的同伴们或多或少几乎都被泼洒到了。有个可怜的人脸上全是硫酸,他像被诅咒了一样疯狂尖叫。

"和其他人相比,有一个人沾到的硫酸较少。我在他的帮助下,将尖叫的那个人推出门,来到喷泉旁,把他的脸埋在水下,还好喷泉离我们很近。快速清洗是有益处的,这种可怕的折磨减轻了些,这个男孩也能继续自己清洗了。两周后,医生才宣布一切危险都过去了。我实在庆幸我当时保持了距离,这让我能保持头脑清醒。

"其他人怎么样了?我回到教室。场景并不乐观。教师自己的衣服都烧了,他慌忙脱掉这件危险的装束。我们的衣服尚好,就借了他一件,好让他回家。

"其他人都在咳嗽,眼里满是泪水。每个人都把手帕的一头浸在氨水里,擦掉帽子和外套上的红色污渍。一点氨水就能让它们恢复黑色。

"那氧气呢?我们当然一无所获。学习节就此结束了。没关系!这灾难性的一堂课是我生命中的一件大事。我走进了一个化学实验室，看到了里面奇形怪状的装置。学习中重要的不是被教导，而是自身醒悟。火花一定会使沉睡的炸药爆炸。在我心里，火花刚刚一闪而过。某一天我可以制出氧气，即便今天运气不好，我没得到它。某一天，即便在没有老师的情况下，我也要学习化学。"

"但是！"佩内洛普强调，她神情严肃地盯着贾尔斯和杰拉尔丁，这两个小家伙看起来对自学化学相当热衷，"法布尔绝对不建议，在没有老师的情况下进行危险的化学实验。"

第七章

凹　巷

法布尔 18 岁时，第一次受聘为卡彭特拉斯学校的教师，可那时他自己还只是个学生。从阿维尼翁出发的路，跨越平坦的乡村，放眼望去，前方峰峦巍峨，左侧群山绵延，每一天都有别样的美景。汽车自果树繁花中飞驰而过，扁桃树和桃树簇簇娇粉，南欧紫荆艳红似火，与果树的朵朵雪白交相辉映，在冯杜山那朦胧的蓝和晶莹的雪峰上描绘了绚丽多彩的绝佳盛景。冯杜山与法布尔亦有渊源，他某日漫步于此，发现这里的花有的属于生长在热带地区的，而有的则属于生长在极地雪地的，一山之内，山峰与山脚，气候竟如此不同。

　　卡彭特拉斯此刻正矗立在他们面前，玫瑰红的天空晕染出玫瑰红的群山，一座金色的城市巍峨耸立。他们在通往这座城市的陡峭道路上缓缓而行，巨大的梧桐树伫立两侧，而这高远的道路似乎随时都要通往天空。

　　大约六点半的时候，他们在狭窄曲折的街道上四处询问，直到看见学生们一个接一个地从某处晃悠出来，这才找到亨利·法布尔学院。

"哦，没错，"一位学生道，"这里确实是法布尔学院，*他是我们的教父！*我们都是法布尔学院的学生。"

"我猜法布尔初到任上，"贾尔斯说，"对到这儿来还露怯的时候，绝对没有想到，后来的孩子们会为这所以他的名字命名的学校而自豪。"

确实如此，佩内洛普道，因为法布尔当时只是初级班教师，学院和文法学校的学生们非常看不起他，更别说那些教师了。

他到这里时本是想教化学的，因为他的很多学生都是从乡下来的。他认为，教这些学生土地成分和植物生存之道对他们大有裨益。而其他的学生可能一辈子都要和染料打交道，还有的成为鞣革工人、钣金工、卖杂货的、卖肥皂的或者包装凤尾鱼的等。如果他们懂得保鲜之道，了解点肥皂、化学和金属的相关知识，那么也会对他们有好处。

可是尽管学院里有一间科学教室，却永远不允许他那群衣衫褴褛的初级班学生进去。这个*班*居然也能算得上是个班级！里面既有尚不会读写的小男孩，也有几乎和法布尔一样大的孩子，他们做不了其他事，因此就被送到这里了。法布尔只好把他们聚拢起来，在同一个房间里上课。他是这么描述这所学校的：

"我看见这庭院四面围墙，好似一个熊窝，学者们就为了梧桐树下的一间小房间而争来争去。房间四周都是通往教室的门，教室里既阴暗又不通风，简直就像野兽的笼子。"

玛格丽特从走廊向外望去，说道："可不管怎么说，这棵树是七叶树。"

有一位门房或者看门人在那儿，是一位矮矮胖胖的可爱老太太，头戴着一顶阔边女帽，身系着一条宽大围裙，和蔼可亲地问他们愿不愿意到她的厨房里坐坐，等着校长有空接待。是的，她也听过亨利·法布尔的鼎鼎大名："那当然！他可是我们的教父！"

"来了一只知更鸟！"杰拉尔丁脱口而出，这时校长刚好一脚踏进门来。佩内洛普希望这位校长英语不够好，没听懂杰拉尔丁的意思。但就这个身材矮胖、朝气蓬勃的男人来说，杰拉尔丁的描述实在再贴切不过。校长头发卷曲，一双大眼睛闪着惊喜的光芒，热烈地欢迎他们。

"啊！我们没有太多关于法布尔的东西能给你们参观，"校长说，"这里只有他的教室。"于是他们出了庭院，进入一间极为平坦的长方形教室。校长继续说道："法布尔说的那棵梧桐树老死后，我让他们允许我换成了你们现在看到的这棵七叶树，这样一来我们至少应该留一棵植物来纪念这位伟大的博物学家。但如果你们想知道法布尔的事，这儿有个合适的人。凡是想了解普罗旺斯或者诗人米斯特拉尔，尤其是法布尔的人，都会来拜访他。他是这里的面包师。把我的名片带过去给他，你们就能听到一些故事。"

"佩内尔，"在他们去找这位精通文学的面包师时，杰拉尔丁问道，"法布尔的化学课怎么样了？那群乡村学生怎么样了？他们究竟有没有进科学教室呢？"

他们没有进去。法布尔知道那是绝对不允许的，所以他决心自己试试，借一些仪器来。那时的校长可不像现在的这一位这么好说话。说服他帮助初级班的唯一方法就是告诉他，如果他们学了化学，那么会有更多的孩子来上课，会留下来吃热腾腾的晚餐。如此，校长就可以从学生们的汤和土豆中赚到更多的钱。

争取成功了。法布尔终于迎来了自己制造氧气这一激动人心的时刻。在那场事故之后再次尝试这种实验，法布尔一定很勇敢无畏。他非常认真地阅读了相关书籍，一丝不苟地制订计划。首先也是最重要的是，他决意不让任何孩子接近这个装置，这样一旦发生爆炸，受到波及的只有他一人。

关于自己第一次邂逅氧气的伟大时刻，他是这么描述的：

"两点钟的钟声一响，孩子们一拥而入。我刻意夸大渲染了实验的危险之处，接着让每个孩子各就各位，不要再动了。这种要求是理所当然的，我也好有施展空间。我身边除了助手就别无旁人了，他站在我旁边，要在恰当的时机完成我的指令。每个孩子都聚精会神地盯着，面对未知肃然起敬。全场寂静无声。

"很快，高脚杯里的水里冒出气泡，咕嘟咕嘟，咕嘟咕嘟。这会是我要的氧气吗？我的心激动得怦怦直跳。我真的第一次尝试就成功了吗？我们必须得再看看。把一根蜡烛吹灭，用铁丝夹住，趁着烛芯还在发光，将蜡烛浸入气体收集器中。完美！伴着一个微小的爆炸，蜡烛再次点燃，燃烧得异常明亮。那的的确确就是氧气！

"这是一个庄严的时刻。我的观众们都惊呆了。我也一样。但较之点燃蜡烛，更多的是惊异于我自己的成功。我眉毛飞扬，洋溢着成功的喜悦；我热血沸腾，涌动着满满的热情。但我没有把个人感受说出来。孩子们应该认为他们的老师对自己所教的东西了如指掌！"

所以你或许可以确定，这样一来，法布尔和他的学生再也不会认为化学很难了。他们满心欢喜，尤其是听到氢气火焰在玻璃管中唱歌的时候更是高兴至极。这一消息随之传开，班级队伍也壮大了，学生们订了更多晚餐，校长也祝贺新教师取得了成功。

随后，他们几人找到了面包店，但没有找到面包师。有位太太，也就是面包师的妻子，摇了摇头，露出了特别迷人的微笑，她的蓝眼睛对着杰拉尔丁那双更蓝的眼睛，顾盼生辉，她说："不行呀，面包师们都是在白天睡觉，因为他们晚上必须烘焙面包。你们吃过晚饭了吗？没有？那就回家吃过晚饭，9点的时候再来吧。那时候我丈夫就可以有空与你们交谈了。我真的很抱歉，但他确实必须要睡觉。"

杰拉尔丁一下子就爱上了这位太太。不论是女面包师还是公主，没有人的眼睛比她的更亲和，也没有人比她更理解等待两个小时有多么难熬。

9点，他们看见面包师先生和太太在招待神父共进晚餐。这位小个子的胖神父将他的椅子向后推了推，向新来的人深深鞠了一躬，说道："啊！是的，我正要走，你们来了！面包师先生一整天都在和想了解法布尔的人交谈，他们找他教普罗旺斯语，有的还是'快乐学习'协会派来出差的。面包师自己就是这协会的杰出成员。继续享用晚餐吧，我的朋友，请原谅我的打扰。是的，孩子们，这位面包师先生就是爱尔兰的知了。把那个放进你的帽子里，小姑娘，那就是爱尔兰的金蝉。"

"可是……"杰拉尔丁说。

"啊！你还不知道！"神父笑道，"但你一定知道蝉会鸣叫，对吗？所以蝉这个快乐的家伙会唱歌，却不唱圣歌，这你是知道的。普罗旺斯的诗人也不唱圣歌——他们歌唱春光，歌唱夏日，歌颂大地，歌颂爱。噢，是啊！爱！*快乐的知识*，也就是说，快乐的孩子哟，这不是你我在学校里面学到的那种东西。所以，凡是唱歌的人，从根本上说，都是图卢兹学院的会员，是快乐知识协会的会员，凡是那些光荣当选的会员，都有一只金蝉作为徽章，而且每只金蝉都有名字——你能看到我们的朋友也在这儿——他是一位真正*快乐*的哲学家、诗人，啊，是的，*快乐*！宝贝，再见！别熬到太晚；别忘了明天的面包。"

他说完就走了，孩子们坐在店里高高的椅子上，羡慕地凝望着远处黑暗而神秘的地方。他们只能认出一个大约4米宽的巨大壁炉台，那是古时候的烤面包炉。他们侧耳倾听，可以听到远处电烤炉的咕噜声，假以一位熟练面包师的手中，则可以节省主人很多时间。然后他们从装有窗帘的壁龛那里听到了椅子推回去的声音，面包师先生和他的太太就到了。面包师是个身材瘦小的男人，十分消瘦、脑袋方正、头发灰白、颧骨凸出、眼睛深陷、双腿瘦削，穿着一双室内拖鞋，身上蓝色的宽松衬衫塞得不太好，就像狄更斯笔下的人物。

他跨坐在一张三腿凳子上，太太则坐在小螺旋形楼梯最下面的台阶上织着毛线。她知道为什么。

"金蝉？你们想看这只金蝉吗？"面包师问道，"啊！在楼上，*亲爱的*！"

于是太太飞快地跑上楼，将装在漂亮匣子中的金蝉带了下来。

"一位用普罗旺斯语写诗的爱尔兰人给它取了名字，"面包师说，"我认识法布尔；我到他的家里拜访过他两次；我还有他的信，*亲爱的*，还有他的签名！"于是太太又上楼了。

"他是个诗人。你们听过他的诗吗？啊！这就是我喜欢的那一首！请听《播种者》。"

尽管大家对于普罗旺斯语一个字都听不懂，但那美妙而起伏的音乐和宏大华丽的辞藻都使他们心潮澎湃。而当这个小个子男人用法语告诉他们诗的意思时，虽然他们更明白其中的含义，但毫无疑问，诗听上去就没有原来那么美了。用英语来说，诗大意如下：播种者在田野上播种、为驴铺草，以养活人类，法布尔将这一神圣的职责比作主教在教堂里施以祝祷。播种者播种时，啁啾的鸟儿就是唱诗班的孩子，隆隆的雷声便是管风琴声。主教常有听起来冠冕堂皇的头衔，而播种者却衣衫褴褛，他是蓟王国之主。他的祝祷仪式上也有熏香——就是花香；仪式上用的光绝不是祭坛上的蜡烛，而是灿烂的阳光。祭坛的华盖则是碧蓝的苍穹。

　　于是面包师给他们讲了一个又一个法布尔的故事，一则又一则普罗旺斯的故事，还有他自己的趣事，这是他们在故事里听到的第二位法国面包师诗人了。

　　"这附近有条路，"他说，"有个很棒的地方可以看看。我明天带你们去。"

　　"法布尔有一天早晨曾在那儿做过一些工作，你们知道的，在观察黄蜂之类的东西，这是他通常做的事。大清早他就坐在沙土上。一些妇女在去采摘葡萄的路上恰巧经过这里。到了晚上，大约12小时之后，她们采完葡萄回家，法布尔还坐在那儿。'啊！可怜的人，'其中一人扶着额头，对另一人道：'这是个傻瓜，我们必须为他祈祷，一整天都盯着一块石头看！可怜的人！真可怜！'

"我遇见法布尔的时候，他已经是个老头子了，住在卡彭特拉斯偏北一点的塞里尼昂小镇上荒石园的漂亮花园里。在那儿，他整日都在研究昆虫，还动员妻子儿女给他帮忙。你们就要往那儿去了，或许你们会看到他那位双目失明的老朋友还在。法布尔写书的时候，常常把书念给朋友听，并通过他额头的表情来判断这位盲人听不听得懂，自己表达得清不清楚。法布尔就是这么奇怪的一个老头。如果他认为你切切实实很想了解什么，他就会腾出足够的时间，而且不厌其烦，但是如果你只是想去谒见名人，那你就不能得偿所愿了。共和国的总统也曾去拜访他。'我不知道，'法布尔说，'我和他有什么关系，也不知道他找我有什么事。'尽管法布尔见了总统，但他不肯和总统交谈。

"你们听说过他在这儿是怎么教代数的吗？他什么都不懂，绝对不懂代数，真的，我是说他一点都不懂。但是有个年轻人来请他给他上课。法布尔稍稍犹豫了一下，说道：'后天来吧，我们就开始上课。'可是他进退两难，因为他不仅不懂代数，而且没有书。更糟糕的是，他连钱都没有……手头只有……猜一猜！只有6便士！现在我都不知道是不是应该继续把这个故事讲给你们年轻人听。你们也许会因此对法布尔产生反感，让你们的家庭教师大跌眼镜。"

"没什么能让我*姐姐*吃惊的，"杰拉尔丁将身体移近面包师，说道，"他偷了本书吗？"

"不完全对。他用自己的钥匙打开了科学老师的门，然后*借*了本书。那可算是入室行窃了！这本书足有 15 厘米厚。他随手一翻，就从翻开来的地方开始上课了。我听人家说，他讲了一些代数知识，一个聪明的脑袋即便不知道前面讲的内容，也能领会。年轻人，我猜要是你我遇上了这种情况，就搞不定了。但法布尔没有被打败。他说什么时候教就什么时候教，后来还能始终领先学生一课。从那时起，他就喜欢上了数学。"

"真想不到！"贾尔斯喊道。

"他想拿到学位，这样就能到公立*中学*或者大学教书，赚更多钱，因为他当时在考虑结婚。

"法布尔住在学校大楼的房间里，他的隔壁则住着一位军需官。这位军需官当时正在努力学习高等数学，虽然他自认为学得很好，但实际上却一无所获。法布尔问这位军需官能不能助自己一臂之力，这位退伍军人答应了。可不久法布尔就发现，一直是自己在教课。这门课很适合法布尔，即便他不像喜欢拉丁诗歌那样喜欢数学，当然更比不上研究动物那样热爱，但他说，这门课能帮助他清晰地思考。长话短说，他很快就通过了学位考试，成了一名教授。

"现在我要告诉你们法布尔从孩子们那里学到的另一门课，以及后来的故事。

"每周的一个下午，孩子们会去周围的田野里测量尺寸。法布尔注意到，这些孩子们常常停下脚步弯下腰来。可能他们是在用心观察什么？他们才不会呢！他们在用稻草从野蜂房中吸蜂蜜吃，野蜂是在地里用石头建造巢室的独居蜂。法布尔学会了怎么吃蜂蜜，但他也学会了研究红切叶蜂。明天你们和我一起去法布尔的总实验室，那条闻名遐迩的*幽径*，或者称为凹巷。"

第二天酷热难耐，小个子面包师领着孩子们走下陡峭的台阶，卡彭特拉斯的人民就是沿着这条路走向平原的。他们沿着炽热的公路徐徐前进，几乎只要在路上发现灌木丛，就赶紧躲进阴影里。然后，他们拐进一条小巷，经过市场花园和左边的一幢房子。面包师指给他们看，那幢房子就在法布尔与妻子邂逅的那个花园里。但是房子已经翻建过了。

最后，他们来到了凹巷，那是一个非常奇特的地方。高高筑起的沙质堤岸上郁郁葱葱、枝繁叶茂，高高耸立在他们两旁。然而，如热带般的阳光却从顶上的狭口照下来，仿佛集中在那一点上。人仿佛走在一条巨大的沟壑中，只能透过弯曲的轮廓瞥见另一端的蓝天。碎土上到处都是狭窄的坑道，法布尔曾沿着这些坑道追踪他的小动物。

"就是在这些一模一样的岩石之下，四处悬挂着泥蜂的土线，"杰拉尔丁激动地压低声音说道，"还有一只海绿色甲虫，法布尔会有多喜欢它呀！"

"但别以为，"面包师说，"他会觉得在这里工作很轻松。他研究的昆虫并不总是待在虫穴里。如果窝在穴里，而法布尔又有点特殊的运气，那么昆虫会正准备向他展露一些秘密，这时一群孩子或者士兵笑着经过这里，兴许会不小心踩到他的昆虫或者实验室，还会将胆小的小家伙吓飞。

"或者过路人也会停下来看着他，问这问那，或者误把他当作淘金的人，更惨的是，还会把他误认为施恶咒的巫师。有一次，乡下的警察逮捕了他。为什么呢？哦，只是因为他四处晃荡，无所事事，实在令人生疑——游手好闲，这可说不过去。

"一天，法布尔到这儿来观察一只苍蝇。那时正值夏末，天气炎热，比今天有过之而无不及，是个酷热的日子。他知道那是只苍蝇，但对它的一切还不甚了解。在那些沙质堤岸上，红切叶蜂用岩石做巢室，将它们的幼虫和幼虫的食物放在它们认为十分安全的地方。幼虫本应该是安全的，因为它被关在坚硬的石墙之间。但法布尔却看见，在完好无损的巢室中，一只幼虫在被另一种幼虫啃食，一只胖乎乎的家伙将红切叶蜂幼虫的汁液'吻'得只剩下一层空皮。那么，苍蝇的幼虫是怎么进入蜂房的呢？那正是法布尔想知道的。他到这儿来就是想找到答案。他看着这只黑苍蝇从一处飞到另一处。烈日炎炎下，他攀爬上其中一处，用放大镜仔细观察这个点。没有一丝迹象，什么都没有。难道苍蝇每次停顿1秒钟就会产下一个卵？法布尔是那么想的，但那儿并没有虫卵。他跟着苍蝇走了整整一个下午，天气还很热，他一直都在用放大镜观察土地。但一粒虫卵也没有看见。

"那个炎热的下午，他没有看见虫卵，而且精疲力竭，眼睛疼痛，这一点都不奇怪。因为后来，他在书房中看到了虫卵，它们太小了，又是无色的，要想看到它们，需要显微镜，而不是放大镜。

"是的，苍蝇确实会在地上产卵，但它从不飞进蜂房，而且苍蝇幼虫又肥又弱，也进不了蜂房。但它的确是在*里面*的。现在你们中有人能猜出这个谜吗？红切叶蜂的卵粘在石室里，而苍蝇将卵产在外面的地上，最终苍蝇幼虫却吃掉了*蜂房里的红切叶蜂幼虫*！

"法布尔叫了许多小男孩去观察苍蝇，去给他找一个带有苍蝇幼虫的蜂房，但他们一个都没找到。他们给他带了很多蜂房，不是蜂巢，因为那些不是家蜂，而是我们说的独居的红切叶蜂。法布尔的房间堆满了这些小石块。他打开这些蜂房，每个里面都有只红切叶蜂幼虫，除此之外什么都没有了。他认为这个谜团一直没有解开。然后有一天，他打开了一个蜂房，他觉得他看见了什么东西在红切叶蜂幼虫上移动。没有吗？有！透过放大镜，显示出一条几乎看不见的线。但这条线却很活跃，像只毛毛虫一样弓着背行走。法布尔发现了这一点。这不是苍蝇的幼虫，而是即将要变成苍蝇幼虫的东西。聪明！苍蝇幼虫永远也进不去蜂房。所以苍蝇产卵，虫卵里出来的东西可以自己行走，在地上四处蠕动，直到遇上一个蜂房。然后，一旦发现蜂房，它就会凭借自己极度细小的身体，溜进用石块精心建造的空间中。即使是一个陶罐也会有水渗进来！水能到达之处，这条线一样的玩意儿就能到达。而且，即便不吃东西，它也能存活 14 天。这给了它时间在许多多孔的地方蠕动，直到最后它发现自己在红切叶蜂幼虫身上。然后它的模样就变了，长得肥肥的，一动不动，再长出一个吸口，将红切叶蜂幼虫吸干。许多族群也是这么依靠其他族群生存的。

"在我们回家之前，讲讲这条路上还发生过的另一场冒险。法布尔曾想要一种特殊蜂种的巢，但蜂群却在它们自己的门前密密麻麻挤成一团。

"法布尔打算在数以千计的居民的蜇针下偷走一个蜂房。一想到那场面，他甚至浑身发抖。但是追寻知识的人可不能害怕。他紧紧扣上衣服，钻入蜂群，开始敲打蜂房。蜂群的嗡嗡声越来越凶猛了。

"第一块碎土块里并没有蜂房。他不得不再回去冲锋一次。没有蜂蜇他。他站在一窝忙忙碌碌搬砖弄瓦的野蜂前，弄洒了它们的蜂蜜，不幸的是，他有时会伤害到它们的幼虫，激得它们更加愤怒地嗡鸣，但他却没有挨着一根蜂刺。过路的乡下人用我们的普罗旺斯语道：'可是我的好朋友啊，你已经给它们施了魔法，它们不会蜇你了。'这是法布尔第一次的亲身经验，后来他证明了这一事实：只有蜜蜂和黄蜂才会出于自卫蜇人。"

第八章

蝎　子

这会儿，当众人坐在阴凉的酒店大堂里，喝着冰镇柠檬水，品尝着卡彭特拉斯闻名遐迩的凝霜甜瓜时，佩内洛普说，不论杰拉尔丁说什么，我们也不能跟着法布尔漂洋过海。不过，我可以告诉你们，法布尔离开卡彭特拉斯后前往科西嘉岛后发生了什么。你们都听到过，他已经自学了高等数学和化学，虽然没有上过大学，但拿到了学位。因此得到的回报是，他受邀在科西嘉岛省会阿雅克修担任物理和化学教授。现在这座岛不论怎么看，都洋溢着魅力与浪漫，风景如画，但强盗环伺。

　　法布尔不曾提过强盗一事，可他却敏锐地发觉了此地其他的奇妙之处。这里群山连绵荒芜，大海波涛滚滚，好似蓝色龙鳞在翻涌；繁花烂漫，那么可爱，那么罕见，甚至被冲上岸边的贝壳都透着玲珑精致。法布尔本想致力于数学和学校教学工作，可那清风在他耳边喃喃细语，引着他去瞧海胆和狼蛛，吹着他去往海胆类属和毒蜘蛛经常出没的地方。但像法布尔这样的男人常常对风的絮语充耳不闻，风儿狂野不羁、钟爱自由。他从不认为一位严肃的教授会顺着风意，逃离严谨的数学。大约 1850 年时，法国政府曾派人到这儿采集科西嘉岛的花，他就是莫奎恩·坦登，他是图卢兹的教授，在那里声名远扬；但在阿雅克修，他连一间酒店的空房间都住不上。法布尔在自己寓所一间俯瞰大海的房间里给他安置了一张床，还给他提供了岛民吃的最简单粗劣的食物，例如七鳃鳗、大菱鲆和海胆。于是他俩成了朋友，一起在雷诺索山上漫步，邂逅了普通人从未见过的花——银色的永恒之花和茸茸的春白菊。接着，他们又回去瞧海胆，莫奎恩·坦登借着风的声音说道："离开你的数学吧！没人会在意你的公式。走近动物，走近植物。我想，若你真有一腔热血，一定会有人倾听你的声音。"

说着，他又给法布尔上了人生的第二课——一堂动物学课。

"你一定要研究动物，我告诉你怎么做。"莫奎恩·坦登道。他从家里的工作篮里取来一把锋利的剪刀，匆忙地将两根针插在一根树枝上，又取了一海碗的水，再以一幅草图为法布尔绘制了蜗牛的解剖图像，同时也以此解释了蜗牛内脏的构成和运行原理。

但法布尔并没有在宜人的科西嘉岛待太久，那儿恰好有一种小动物不在法布尔的研究之列。当时没人想到，它将属于一个叫罗纳德–罗斯的英国人，他就像法布尔研究蜘蛛或者蝎子一样研究这种小动物，并且因此拯救了数百万人的生命。但与此同时，疟蚊叮咬了让·亨利·法布尔，他由此患上了一种可怕的疾病——疟疾。在那个年代，只有三种办法能摆脱这种疾病：死亡、运气或离开这个地方。所以，法布尔回到了阿维尼翁，在他曾经做学生的地方当了一名讲师，这对我们来说亦是一件幸事。你们一定很惊讶，因为现在我们必须回到那里，沿着这条路前往安静狭小的佩内尔什。

在这条通往佩内尔什的路上，法布尔半道住了下来。佩内尔什是一座阳光明媚的白色迷人小镇，但那时没有现在这么安静。当时他正潜心于数学，苦苦思索，四周寂静无声，可是突然——

"嘭！嘭！嘭！声音越来越近，越来越大声！烦死了！"他吼道，"是这么回事，我住在城郊，处于佩内尔什路的起点，就是想躲避卡彭特拉斯的喧嚣，躲得越远越好。在离我家十步远的地方，新开了一家花园酒馆。每个星期天下午，附近所有农场的男孩和女孩都到那儿跳舞。为了吸引顾客，增加茶点销量，舞会的主人还要搞一场抽奖来结束周日的舞会。

"不仅如此，早在两个小时前，那边还有鼓声和笛声开道，后面浩浩荡荡跟着一串庆祝胜利的游行队伍。嘭！嘭！嘭！那声音就在我窗下，就在房子里……直至夜幕低垂，低音大号怒号，横笛呼啸，短号喧嚣。在这样一个卡菲尔乐队中，你且试想，数学能成个什么样！走吧！我知道一公里外，有一处孤寂崎岖的沙漠，蝗虫与穗鹛都钟爱此地。我带上我的书、几张纸和一支铅笔，走进那片孤寂。噢！安静多好！"

汽车驶离佩内尔什，自一片荒凉沙丘穿梭而过，满山的百里香烂漫盛开，玛格丽特猜想这儿或许就是法布尔的*寂静之地*。

"我突然想起来，"贾尔斯过了一会儿说道，"我们的姐姐真是天赋异禀，在那么笔直的大道上都能将我们带迷路！前面有座大桥，我们还要穿过罗纳河，但我们之前去过的佩内尔什和之后要去的阿维尼翁都在河左岸，两地之间本来就有条直路。"

"前一个路标写的是维伦纽夫、雷穆兰、尼姆。"玛格丽特说道。

维伦纽夫！佩内洛普惊呼出声。真是太幸运了！法布尔曾经从阿维尼翁前往维伦纽夫收集蜈蚣。他那时正在写一本关于它们的书，为博士学位考试做准备。

他寻找蜈蚣之时，邂逅了他的第一只朗格多克蝎，这种野生动物非常有意思，很适合在下个故事中讲述。但总的来说，普通人是不想遇见它的。

朗格多克蝎的故事

"我掀起一块石头，"法布尔写道，"它就在那儿！可怕的隐士！它的尾部盘曲在背后，尾尖蕴着一滴毒汁，挥舞着双螯盘踞在洞口。"

"哟！快离那危险的野兽远点！我放下石头。它们是真正的隐士，热衷独处。我从未在一块石头下看见两只蝎子。更确切地说，要是真有两只蝎子，一定是其中一只在吃另一只。它们身长8～9厘米，呈干草色，以前螯和尾部为武器，前者用来抓住并钳制敌人，使其动弹不得，而盘曲在背后的尾部则用来攻击并蜇伤敌人。"

"它们有8只眼睛，两只眼睛在可怕的头胸部中间，头胸部是一个整体，余下各有3只单眼排列在嘴弓两侧，但所有这8只眼睛都是往旁边看的。因此，尽管蝎子有很多眼睛，但它眼睛近视，又斜着看，只能如盲人一般摸索着移动。"

不过，法布尔真正开始研究蝎子并不是在维伦纽夫，而是多年后在塞里尼昂才进行起来。他用镊子夹住它们的尾巴，头朝内塞进厚纸卷里，再装进锡盒带回家。在家中，他腾出花园一隅，放一些自由活动，其他的用笼关起来。但放在花园里的都逃走了，笼子里的那些也因身陷囹圄而郁郁寡欢。他只好尝试着造一个玻璃宫来防止它们逃走。即便如此，它们也开始从那里逃亡。别忘了，它们都很危险！玻璃宫的墙面都必须要嵌进木质角落里。蝎子还会沿着木头向上爬！法布尔在木头上涂了焦油，它们还是会逃。于是他往木头上又抹油又涂肥皂，但蝎子们一点儿都没有被难倒。他用光面纸盖住了木头，这搞得体型肥大的蝎子不知所措，但是瘦小的蝎子仍然可以爬上去。最后，他在光面纸上再盖层煤灰，这下就没有蝎子能爬到顶上，更不能获得自由了。

玻璃宫的地面是一层沙子，上面有24个碎花盆做成的洞穴；

这些洞穴之间空出了长长的廊道。俘虏们立刻开始在陶瓷碎片下挖洞，给自己找个阴暗的安身之所。它们用第4对足站立，用另外3对足挖掘。蝎子从不用长螯挖洞，这是留着用来打架和探路的。挖洞的时候，它们用尾巴将垃圾扫到旁边。如果挖得不够深，感觉不够舒适的话，它们会继续挖掘下去，直到满意为止。

蝎子们非常扛饿。法布尔刚开始还以为，观察蝎子洞时，能发现这些小食人魔饕餮后的残羹冷炙；但他却只找到了隐士忍饥挨饿的痕迹。如果给它们送上一点美味佳肴，它们也会用尾部像掸灰尘一样扫到一边。从10月到次年4月，蝎子们点滴未进。直到3月底，法布尔才看见蝎子吃上一丁点儿。

"我试过，"他写道，"用油葫芦来喂他们，油葫芦个个膘肥体壮，像一块块融化的黄油。我把6只油葫芦连同几片卷心菜叶放入笼子里，想安抚一下它们发现自己身陷囹圄的伤感。但这些歌唱家似乎对它们可怕的邻居不感兴趣；它们兀自唱着歌，一边大快朵颐着沙拉。如果有只蝎子经过，油葫芦盯着它看，用纤细的触须对着它，对这只怪物经过再没表现出惧色。而这只怪物呢，一看到油葫芦就退了回去；它害怕在陌生人面前出丑。"

但是当蝎子看到它钟情的食物——一种合它胃口的甲虫时，情况就不一样了。它阔步向前，甲虫则纹丝不动。"这不是那种你追我赶的捕杀，"法布尔说，"蝎子一招致命——毫不迟疑，没有挣扎，尾巴都不用动，毒液都用不上。它只是用分成两叉的螯钳，一下子便抓到了珍馐，送到嘴边，然后原地不动地狼吞虎咽着。但那活蹦乱跳的猎物会反抗，会挣扎，于是蝎子的尾部向嘴巴前面一钩，刺中了它，它便一动不动了，盛宴得以继续。蝎子时不时地用尾部轻轻触碰着它，看起来完全像是用叉子一口又一口吃东西的模样。数小时后，大餐结束了。蝎子用双螯将嘴里的残渣清理出来，就像老人剔牙一样。之后很长一段时间内它都不会再进食了。"

"不过到了5月，当交配期到来之时，这些节食的家伙就变成了贪吃鬼。我常常发现母蝎子在吃同类，好像那是普通猎物一样。要吃得下体型和自己一样大的食物，那吃货的胃一定也得是收放自如的。"

有几次在实验中，法布尔逗弄体型较大的昆虫来攻击蝎子，逼迫这些通常胆小如鼠的家伙们还击。蝎子总是能大获全胜，然后戴着胜利光环将对手吃掉。不过我们得再说一遍，除了吃掉丈夫和前来挑衅的敌人外，蝎子捕食的可都是一些小型动物。

在实验过程中，法布尔发现了一个关于蝎毒的奇怪事实。所有的昆虫，无论大小，一旦被蜇到，就会死亡；而未来会变成这些昆虫的蠕虫，却几乎不受毒蜇的影响，仍可活得好好的。以蚕为例，法布尔道："蚕皮肤柔嫩，每次挨了蝎子的尾刺都会流血。我那张小桌子的桌面上血迹斑斑，好似滴落的琥珀，这都是我受好奇心的驱使，犯下残暴行径的结果。"

"可是，将蚕放回桑叶上后，它们却开始以惯有的胃口进食，10天后就结成了完美的蚕茧。而从这些蚕茧中出来的蛾子，只要遭蝎子蜇一下就必死无疑。"

你还记得玻璃宫殿里那些长长的沙道吧？现在你就知道沙道有什么用途了，法布尔原话是这么说的：

"春日渐渐复苏，自4月中旬开始，每天夜晚天黑之时，7时至9时之间，玻璃宫殿里就会掀起一片巨大骚动。白天看起来好似一片荒漠的地方，夜幕降临时则呈现一派欢腾的景象。晚饭一结束，全家人都来观看。一盏灯笼高挂于前，好戏就此开场。

"这是我们操劳一天后的娱乐活动，是为我们准备的演出。在这座剧院中，昆虫是演员。戏演得那么有趣，灯笼一亮，我们所有人不论大人小孩，甚至狗狗汤姆，都各就各位，前来观看。

"在靠近玻璃、有光照的沙地上，许多蝎子聚集在一起。也有落单的蝎子在其他地方散步，它们受灯光吸引，最终离开阴凉处，加入灯下的舞会。新来的蝎子混入纷杂的蝎群中，而原来的那些兴奋够了，便退回到阴暗中歇息，几分钟后再回到剧院里。

"这支萨拉班德舞曲引人入胜，这些蝎子形容恐怖，在欢悦中舞蹈着，亦痴亦狂。它们从远处而来，缓慢而严肃地从阴影中走来。突然，它们如滑步一般飞快地爬了一小步，加入了灯火通明的聚会。它们如敏捷的老鼠一般灵活。寻找伴侣时，一旦公蝎子触碰到母蝎子的蝎螯，母蝎子便如闪电般逃离，仿佛互相灼伤了似的。有的在一起打滚，又慌慌张张地四下奔逃，在阴暗中找到安全感再回来。

"有时骚动相当激烈，这块地方热闹非凡，蝎足窸窸窣窣爬动，双螯来回撕扯，盘曲的尾部扬起又落下。混战中，有两点如红宝石一般点亮起来。你或许会认为这是闪烁的眼睛，但实际上却是它们额头上的两个面，经过打磨，达到了充当反光镜的程度。大大小小的蝎子吵吵嚷嚷。你会说这是一场殊死搏斗、一场大屠杀，但实际上只是疯狂的游戏。等它们四散而开，各自休息，没有蝎子受伤，甚至连一丝扭伤都没有。

"同一个地方，它们反复往返，来来去去，经常面对面相遇。有的行动匆忙，还会从别的蝎子背上踩过去，但它毫不介意。最坏的情况也不过是挨上朋友一拳或者尾部轻轻拍打——这是它们握手的方式。

"除却蝎足交错和尾部挥舞，还有更好的交往方式。有时它们会保持最原始的姿势；有时两只面对面，蝎螯相扣，倒立着，将整个身体和尾部都举到空中。然后它们用尾部互相挠痒痒，上下摩擦，相互钩住，解开再钩住，如此反复。突然，友谊的金字塔倒塌了，只好各自匆忙逃离。

"1904年4月25日，好！这一场景我前所未见！两只蝎子面对面，伸出蝎螯，四螯相扣。好一对骑士佳人。她体格肥硕，外表呈褐色；他身材清瘦，外表苍白。这对眷属迈着矫健的步子，漂亮地卷起尾部，在玻璃前漫步。他走在前面，从容地向后踱步。而她面对面用自己的螯尖牵着他，温顺地跟从着。

"他们半路停下，一动不动，接着又继续行进，从这边走到那边，从宫殿这头走到那头……他们徘徊游荡，悠然畅想，眉目传情。无独有偶，每个周日夜晚，我同村的年轻人们正如这样，沿着灌木篱墙自在漫游。

"他们常常改变方向，这都是他说了算。他仍牵着她的手，姿态优美地半转身，到她的身边，用尾部爱抚她的脊背。

"我孜孜不倦地观察了足足一个小时。大约10点，事情有了些变化。他到了一处令他满意的陶瓷碎片上，放开了妻子的一只手，但另一只仍紧紧握着。他用蝎足挖土，用尾部扫去灰尘，最终一个洞穴展现在他们眼前。他打头阵，温柔地牵着耐心等待的妻子一点点挪进去。就这样，夫妻双双把家还……

"在傍晚的美好故事之后，一桩残暴的深夜惨案接踵而至。第二天，妻子仍好端端地待在陶瓷碎片下，她的小丈夫也在此，但已惨遭杀害，还被吃掉了一些。他的头没了，一只胳膊和两条腿也不见了。我将尸体搬出来，可隐士妻子一整天都不愿意碰他。但到了晚上，她出来了，发现他的尸体在路上，就将他带走了，体面地埋葬他，也就是说……她要把他吃完。"

若说蝎子作为妻子难以相处，作为母亲，她却很有魅力。法布尔一天早上邂逅了她和她的家人。孩子们有的爬到了她的背上，有的仍旧沉睡在透明的卵袋里。

"这种小生物凝结成一粒米的大小，尾部折在肚子上，双螯抵着胸口，蝎足贴在身体两侧，因此没有什么凸起之处。它前方的黑点正是眼睛的位置。这个小东西漂浮在一滴液体中，整个包裹在最柔嫩的皮肤中。我看见蝎子妈妈轻轻地撕咬这张皮，将皮吃掉。她对待她的新生儿就像绵羊或猫一样温柔……小蝎子就这么一只只出来了，享受过仔细清理后，干净又自由。他们通体白色，每只梳洗完毕，都攀着妈妈的双螯爬到她背上。蝎子妈妈也会特意将双螯平放，好让孩子们更容易爬上来。

"炎热的午后，蝎子妈妈和小蝎子相处的情景犹如母鸡和小鸡一般温馨。孩子们大多数都围在妈妈身边，有的爬上了她的尾部；有的在头顶扎营休息，好似居高临下地欣赏着纷杂的蝎群；还有的像杂技演员般攀爬上去，抢夺他们的位置。每只都想一览好风景。

　　"妈妈身边也挤满了孩子。有的躲在她身下爬行，因此你只能瞧见他们亮晶晶的黑眼珠。有的尤为喜欢她的脚，那就是他们的体操器材，可以在上面跳马。如果他们累了，整个团队就会回到妈妈的脊背上静止不动。"

第九章
圣甲虫

自然造完了无数星辰璀璨，绚丽日月轮转

他的心思从宏大之物转向塑造微小事物

他造出了雏菊之类的迷人小东西

之后，他造出了好玩的事物

不然，人类的心灵会逐渐呆板

乏味无趣，忧郁沉闷

———哈维

对于那些见过卡尔卡颂、艾格莫尔特、阿维尼翁以及没见过的人来说，"有城墙的城市"这几个词，有着不同的含义。这些城市的城墙并非坍塌，并非覆满青苔，也并非如约克城墙或者切斯特城墙一样淹没在城市中心。它们巍然屹立，完好无缺，与教堂齐高，一直以来都坚不可摧。间或，城墙上的圆塔依旧令观者惊奇又敬畏；间或，幽深、阴影重重的门廊依旧满是进城的行人。因为对面有来往的车辆，佩内洛普小心翼翼地开车穿过其中一扇城门，来到南方独有的那片明媚舒朗的阳光下。大桥之下，早先融化的冰雪汇聚成磅礴的罗纳河，湍急的河水倾泻而下，波光粼粼。右边是古阿维尼翁秀美的断桥，它窃窃私语，说着万物的故事。前面是通往尼姆的主要道路，再往外是西班牙和比利牛斯山。那天早晨，孩子们正在寻找一把大伞和一只蜣螂，便往左边去了。没过多久佩内洛普将车速慢了下来，只见道路一边水流聚集，一条宽阔的大河波涛汹涌，明媚的阳光照耀其上，闪闪发光。大迪朗斯河便在此处汇入涨水的罗纳河。另一边则是一片贫瘠多石的悬崖峭壁，长满了冬青矮树。

这肯定是伊萨尔树林，她说道。

"树林！"贾尔斯惊叫道，"在哪儿呢？这是矮树，还不足人高，连片树荫都没有。"

就在这儿，佩内洛普道，法布尔回到阿维尼翁任教授的时候，闲暇时经常来这儿观察他的小昆虫。如果现在4月份都那么热了，那你们可以想象七八月是怎样的光景了。他连间躲避阳光的庇所都没有，仅靠着一把大遮阳伞防止中暑，在伞下一坐就是几个小时。有时，他不得不平躺着才能享受一小片河岸投下的阴凉，甚至还要把那热得冒火的可怜脑袋塞进兔子洞里，才能凉快一些！攀上那座悬崖，往右边走，便到了莱桑格莱村。

就连苍蝇也会到伞下躲避阳光。有一次，掉在丝绸上的嘈杂声音将法布尔吓了一跳。然而，只不过是些黄蜂突然降落，抓捕苍蝇果腹罢了。它们发现了伞下这个极好的食品储藏柜，而法布尔也有了个触手可及的观察实验室。

孩子们在这片干旱的土地上逛了一会儿，石头松松散散地嵌在地里，百里香芬芳馥郁。但他们注意到四处都是"弹壳"，只好心惊胆战地坐下来，聆听法布尔在此处的冒险经历，法布尔称这里为他的小阿拉伯岩石区或者石漠。

佩内洛普道，法布尔告诉我们，以前学校的孩子们每周四放半天假，就到这里来搜寻用过的子弹，按重量出售，一大捧子弹壳只卖半便士左右。有一天，法布尔让孩子们为他找圣甲虫卵，里面要有只蠕虫。孩子们一边大口大口嚼着苹果，一边围着法布尔，听他讲该怎么做。一只有虫的卵可以从他这儿换到整整一法郎，空了的虫卵则不作数。孩子们一想到能有这么大一笔钱，眼睛就闪闪发光。

法布尔说："我给这么小的一点东西定价那么疯狂，扰乱了他们对价值的看法。"

他给了孩子们几个半便士当定金，搜寻工作就开始了。但整整两周，他们连一只有虫的卵都没找到。法布尔给干活最卖力的那几个支付了报酬，但要成功，他只能依靠自己。他想要活虫卵是有缘由的，故事是这样的：

圣甲虫

"它们外表都美极了，很适合装饰收藏者的箱子，因为它们的衣服极其简素，总是光亮得无可挑剔，头上的装饰也很古怪。欧洲的圣甲虫总是穿着乌木黑的衣服，而热带的圣甲虫却用闪闪发光的金色或铜色装饰自己。打扮得这么漂亮——你猜猜它们是做什么工作的？清洁工！当牛、马、骡子或者绵羊无意中玷污了这个世界，圣甲虫就会蜂拥而至，一只、两只……一群，将污秽带到地下。也难怪古埃及人认为它们很神圣，甚至视为神明！受气味指引，圣甲虫来到一堆粪便上，有的扒开粪便表面；有的开辟通道进入其中，寻找特别的美味；有的干脆将最底层的粪便就地掩埋；有的则急急忙忙坐在原地大快朵颐。但大多数圣甲虫都将粪便贮存起来，以便在某些安稳的地方能大吃大喝上几天。记住，这是因为在这片百里香芬芳馥郁的多石平原上，一坨又好又新鲜的粪便可不多见——这可是自然的馈赠。

"谁这么急急忙忙跑到粪堆上？它唯恐自己迟到了，长腿笨拙又迅速地奋力前进，小小的触角打开羽扇——这意味着它又急切又贪婪。那就是他，圣甲虫，身着黑色外衣，是蜣螂中最大最著名的一种。它的头部有一个宽阔平坦的边缘，有棱角的半圆形突出物固定其上。这是它用以挖掘和切割的工具，耙子可以把它觉得不好吃的蔬菜分开并扔出去，把最好的东西耙在一起。甲虫知道如何选择。为自己收集食物时，它们并不特别挑剔；但如果是为了自己的孩子，它们就会一丝不苟，精益求精。

"看看它工作时的样子！它的腿部边缘好似锯齿，弯曲的前腿左右摆动，为自己划出一个半圆形的自由空间，收集出满怀的食物，向后推到自己的肚子底下，另外4条腿也为此弯曲成拱形，将食物反复翻滚，直到变成一个球团。看着这个惊人的球团渐渐变大，最终比甲虫还大好几倍，通常有苹果那么大！

"接着它要把球团带回家。甲虫用最靠后方的两条腿抱住球，中间两条腿支撑，前面两条腿向后走。整只甲虫头触地，推着身后的球团行进。这两条后腿保持球团在位置上稳住，先用右腿轻轻推，再用左腿轻轻推，如此让球滚动起来。到家之前，总会遇到点意外。有座小山堵着路，甲虫先生——或者甲虫夫人——滑了一下，球团滚落到谷底，连带着推球的也翻了个跟头。甲虫翻过身来，再次给自己套上挽具。

"山底明明有好路可以走，为什么这只小傻瓜不走呢？他想也不想，再次向山上攀爬。当然了，如果虫穴在山顶，或许就不得不爬上去了，但也可以选择更为平缓的小路，可他也没这么做！若是碰巧路上真有那么一座无法攀登的陡峭山丘，甲虫夫人也照样要爬上去。古希腊神话中的西西弗斯推巨石上山都没有这么难。真想知道这样一个庞然大物是怎么在斜坡上保持平衡的。啊！一步错，所有的辛苦劳作皆化为乌有。球团又滚落下来，甲虫紧跟其后。她又爬上去了，上次有些草根让粪球滚落了，这一次就小心翼翼地躲避开来。

"小心！再小心！斜坡很危险，一点微不足道的东西就能导致功亏一篑。她继续前进，脚踩到光滑的鹅卵石上滑倒了。真是手忙脚乱，球团和甲虫又掉到山底了！她会失败 10 次、20 次，但她毫不气馁，直到把球推到家。"

"有时圣甲虫会找个帮手。"——有些人观察得不如法布尔那样仔细，他们会告诉你，甲虫品性温良，若是有甲虫发现自己陷入困难，球团卡在坑里，自己弄不出来，就会去找一位盟友来帮一把。而法布尔——是位"无与伦比的观察者"——达尔文给他的称号恰如其分。他从自己的*所见所闻*中得出了其他结论。他常常将球团和球团上的甲虫放进坑里，但甲虫从不去寻求朋友帮助。不，当一只耕耘不辍的甲虫滚出一个绝佳的球团，一些刚刚开始做球的新来的懒汉就会从集体中溜走，不请自来，推动别人的球团——这可不是好意帮助，而是想着分一杯羹，甚至想将球团偷走。法布尔看见新来者只是平静地坐在球团上被推着走，而不是帮助推拉球团。它牢牢地抓着，就算球团从斜坡上滚下来，也不曾松手，这反而给再次推球的原主人增加了重量。甚至，它会利用自己在球上的位置优势，和原主人大打出手，试图成为挚爱球团的唯一拥有者。虽然它有时也会帮忙，但总归是为了饱餐一回。

甲虫的巢穴是一个拳头般大的洞，有一条短走廊通向户外。一旦进入虫穴，甲虫就会扫开故意留在门口的垃圾，将门口堵住。它将自己安全地关在里面，无人打扰，接着坐下来享受盛宴，不停进食。

法布尔写道："看它那样全神贯注于那一大堆污秽，可以说，它意识到了自己作为地球清洁工的职责，它完成自己的工作，仿佛意识到了那种神奇的化学反应，从泥土中创造出美丽的花朵，悦人心目，春日的草坪也因甲虫纷飞而生色不少。"

"为了众生的健康，这种奇妙的变化必须尽可能缩短发生时间，圣甲虫由此被赋予了超越万物的消化能力。"

法布尔曾用整整 12 小时观察一只甲虫，在这段时间里，它从未停止进食。这段时间里，小甲虫面前的食物不断消耗减少，又在它身后以一长条黑色带状的形式接连不断地出现，每 54 秒排出 3 或 4 毫米。12 小时中，这条穿过甲虫的食物痕迹大约有 3 米长。

有一天，牧羊人给法布尔带了一只梨形粪球，这只棕色的梨形球透亮好看，牧羊人说他是在一个甲虫洞穴里发现的。孩子们围着站成一圈，央求着要把它当玩具玩。牧羊人还说，他在不小心压碎的另一只梨形球中发现了一枚虫卵，大约有一粒小麦那么大。法布尔几乎不敢相信，因为他一直想要在圆粪球里找到甲虫卵，而且除此之外，他从来没见过甲虫在别的地方产卵。不，他不能打开来看，因为他可能再也找不到另外一个了。他必须等到早上，和牧羊人一起去找更多像这样的梨形球。他并没有失望。牧羊人用法布尔的小泥铲把土铲掉，只见那颗梨形球静静躺在空洞中。现在该去找虫卵了，在梨形球中心还是在底部呢？故事很长，你还是得自己读下去。

现在简单说一说法布尔从梨形球里学到的东西。甲虫夫人为她的幼虫宝宝考虑时，会选择最好最有营养的牛粪。她小心翼翼地制球，知道自己必须防范的所有危险。例如，如果干旱延续到了她的巢穴中，粪球变得干燥，幼虫就吃不上东西了。因此甲虫打磨并加固球团表面，令其变得像一个罐子，让其内部保持柔软湿润。在球的一端，她做了一个小的圆形凹陷，边缘突出，很像一个人工制作的罐子的嘴。她打磨凹陷的内表面，在里面放了一些十分柔软，几乎称得上是液态的食物，那是她像鸽子一样，第一次咀嚼又吐出来的食物。她在球团中心产下虫卵，然后将边缘平滑地合拢，留出空间让空气通过。最后她将其制成了如梨子般的美丽形状。幼虫苏醒时，就能发现有充足的氧气从聚拢的末端通过，也有足够的食物赖以生存。如果它在梨形球中心醒来，就会被闷死。它渐渐长大，吃到梨形外核部分，但如果那部分变得太硬，幼虫也可以从后面逃走。

为了观察到这些，法布尔将甲虫和食物放进上下两层的玻璃箱中，中间有一片倾斜的平面连接。他在下面一层中放一块可移动的遮板。法布尔迅速打开遮板，赶在甲虫逃到楼上的黑暗之前，瞥了几眼她工作的情景。即便是最微弱的光线迫近，她也会迅速逃走。但在幼虫身上，他就没那么成功了。他将这颗粪球弄开一道裂缝，想看看幼小的东西是怎么忙活的，但他却惊奇地发现幼虫大师能立刻修补好那条缝隙。每当法布尔在球团磨得锃亮的表面上弄出裂缝，幼虫都会涂上自己的粪便，将球完全补好。

正是这些球团，这些梨形球团，孩子们从没在石头上找到过，理由也很充分——它们总是藏在地下。甲虫不会把它们的幼虫滚来滚去，而是将育婴球藏在虫穴里，让幼虫完全静止不动。若一切顺利，虫卵就会孵出幼虫，那是一种驮着背、肥肥胖胖、毛毛虫状的生物，会把贮存的食物变为自己的身躯，直到塞满整个梨形球团。3～4周后，它会将自己裹起来，然后变成一个美丽的虫蛹，"长长的翅膀如鞘般在身边合拢，前腿弯曲在脑袋下方。它几近透明，浑身呈蜜黄色，宛如用琥珀雕镂的雕像"。接下来的4周它都是这种形态。再之后，它就变成了一只甲虫，"黑红色的头部和胸部，白色的腹部，透明的白色翅膀上略染黄色。这种与教士白和主教红相关的华丽服装只是暂时的，它将逐渐转为乌木黑。再过一个月，这只甲虫就准备冲破梨形球壳，直击云霄了。如果有一点，哪怕只是一点小雨，帮助它化解坚硬的外墙，那它也足够幸运了，第一天就能沐浴在明媚温暖的阳光下"。

法布尔问："第一次沐浴在灿烂的阳光下时，它会想什么呢？"

第十章

访　客

"于此，他做了科学公开讲座，组建了雷基恩博物馆，在工业化学方面取得了新发现，并接待了维克多·杜卢伊、斯图亚特·密尔和巴斯德的到访。"

——教堂铭牌

在拜访莱桑格莱之后的第二天早上，紫杉树一家碰巧路过圣马丁教堂，杰拉尔丁发现了门上的铭文，他们之前拜访时没有看到过。1852 ～ 1870 年，法布尔都住在阿维尼翁，他演讲的那间教堂，正是他以前上那节难忘的化学课的地方。佩内洛普翻译了铭文："于此，他做了科学公开讲座，组建了雷基恩博物馆，在工业化学方面取得了新发现，并接待了维克多·杜卢伊、斯图亚特·密尔和巴斯德的到访。"她正要解释为什么这些访客那么著名，连铭文中都要提及。而这时，她的银行家朋友恰好经过，抬了抬他的帽子说："如果您想知道更多关于法布尔的事情，我认为，您可以去找法布尔的侄子，他的办公室就在附近，他会很高兴和你谈谈的。"

　　4 人无须进一步邀请，但当他们面对着一座古老宫殿的大理石楼梯，得知亨利·法布尔先生就在楼上时，他们心生畏怯，止步不前。

　　于是，3 个人恭恭敬敬地坐在最低层台阶的阴凉处，派佩内洛普独自前去，进行激动人心的寻访。当她和他们一起回到阳光明媚的花园时，她有一则了不起的故事要讲。

不，法布尔的侄子兼教子与他叔叔的雕像并不相像，但也很讨人喜欢。他身量不高，一双棕色的眼睛炯炯有神，非常和蔼；可能在这些方面他像法布尔多一些；他本人心地善良，有着最迷人的法国风度，告诉了佩内洛普许多故事，让她都不知该从何说起。首先，显而易见，法布尔是他们家族中的英雄。小法布尔先生带着她参观了他书柜里所有法布尔的书籍，还给她看了两枚奖章。其中一枚奖章上是法布尔在拿着放大镜研究一株植物，植物上有一颗虫茧。它的反面极为迷人，绘制的正是法布尔花园的美景。那就是我们将要去塞里尼昂参观的花园，只见它以冯杜山为背景，梧桐树林立于前，而最显著的位置上则是各类昆虫。这是一枚很小的奖章，但即使是上面的小昆虫也刻画得很精美。

小法布尔先生曾在教堂聆听过法布尔的演讲，想象一下吧！演讲很受欢迎，甚至还要出动警察来为那些想参加的听众维持秩序。受到吸引的人们一部分是因为他的演讲主题很有趣，另外还因为他口才极好，虽然他不曾特意训练过，但这口才自然而然地来源于他的渊博学识、准确精辟的见解和头脑的清晰透彻，这在他水晶般清透的言语中得以体现。幸运的是，演讲的*纪念版*得以保留了下来，每个听得懂法语的人都能聆听并爱上他那优美的口才。

"法布尔,"他的侄子道,"是'知识的源泉'。他活到了92岁,而他的临终之言却是:'还有很多事情要做!'"

小法布尔先生还是个孩子的时候,非常用心地学习叔叔的诗歌。有一次,法布尔过生日时,小法布尔先生不送礼物,而是将这些诗歌用普罗旺斯语背诵给法布尔听。老人十分欣喜,激动的泪水顺着面颊落下,他的侄子给予的这份喜悦已经成为他一生中最美好的回忆与欢乐。

在他的一个房间里,有一张美丽的照片,是法布尔在书房中工作时照的:他抬起头,脸上神采奕奕,这是一张可爱帅气的脸庞。另一张照片是法布尔和妻子与儿子,半截身子藏在土中,正在观察昆虫。

和卡彭特拉斯的面包师说得一样,小法布尔先生说,法布尔多么渴望和真正想了解的人促膝长谈,一本正经地说个没完;而对于那些因好奇而前来拜访的人,他一个字也不会聊!"一个字也没有!"

英国经济学家约翰·斯图亚特·密尔曾住在阿维尼翁,他与法布尔是很好的朋友。你或许有所耳闻,有个很棒的小男孩也叫密尔,他们其实是同一人。他还不到8岁,就精通希腊文,阅读过很多严肃的历史和哲学书籍。

密尔和他挚爱的妻子曾一起在阿维尼翁游历,但妻子在这里不幸逝世,他便在此买了土地,建了房子,透过窗户就能望见墓地里妻子的坟墓。他常住于此，直到逝世。他时常去拜访法布尔，一起谈论他们都信奉的知识和女子受教育等问题。在那时候，学习是男人的特权。法布尔本人就曾因教授女孩科学受到惩罚，至于惩罚是怎样的，稍后你就会知道。

巴斯德来访

你们都知道巴斯德的鼎鼎大名，因为你们都听说过巴氏杀菌乳。总有一天，你们会对这位伟大的科学家了解得更多，是他发现了战胜某些致病细菌的方法，由此拯救的生命或许比其他任何一个人拯救的都多。一天，他出人意料地按响了法布尔的门铃。那时，桑蚕发生病害，于是法国政府派巴斯德去南方寻找治疗桑蚕病害的方法。而巴斯德从没有见过蚕，所以去找法布尔是最合适不过的。

"请问您能给我找一只蚕茧来吗？"巴斯德问道。

"小事一桩！"法布尔答道，"我的房东就是位卖蚕茧的商人，他就住在隔壁。如果您能稍等片刻，我就给您拿来您要的东西。"

法布尔回忆："我赶去邻居家，口袋里装满了蚕茧，一回来就将它们交给了这位科学家。他拈起一只，在手指间翻来覆去，满怀好奇地检查它，就像我们审视来自世界另一端的某些奇异生物一样。他把蚕茧放在耳边晃了晃。'它咯咯作响！'他惊叫道，'里面有什么东西吗？'"

"为什么这么问，当然有！"

"可是，是什么呢？"

"蚕蛹。"

"蚕蛹是什么？"

"可以说，这是毛虫在变成飞蛾之前变成的一种木乃伊。"

"每只蚕茧里都有一个这种东西吗？"

"当然！这是为了保护毛虫织出来的虫蛹。"

"啊！是这样！"

于是巴斯德带着他的蚕茧离开了，拯救了桑蚕，也拯救了法国的丝绸业。

法布尔说："受巴斯德这位杰出的榜样鼓舞，我定下规矩，决心以无知的方式学习昆虫天性。我执着地直面自己的研究对象，直到设法让它开口说话。我一开始一无所知，不过这样更好。"

总学监来访

无论男女，教师们总是很害怕学监。当学监走进图表绘制课时，即便是法布尔，也会匆忙从最好的学生那里挑选出最好的图表，以博学监的赏识。但学监对此不感兴趣。大家喊他"大鳄鱼"，所以你可别指望他能有多好相处。但这位大人物对优秀的学校工作漠不关心，这让法布尔很是困扰。到底是什么情况？

"你是不是有钱人？"学监突然问道。

事实上，法布尔一贫如洗。为了养家糊口，法布尔做的事情几乎和圣莱昂的老校长一样多。

"很穷？那真是太可惜了！"学监惊叫道，"我读过你写的东西。你是位真正的观察家，你醉心研究，能言善辩，连写作也是信手拈来。你本可以在大学以优异的成绩当上理科教授的。"

"我正在为之努力。"

"那你可以放弃所有这些想法了。"

"是因为我的学识还不够吗？"

"不是，你的学识很渊博，但你没钱！一个无趣平庸的人也能在大学占一席之位，但你必须要有足够的钱才能扮演公共角色。一个一贫如洗的人即便有了教授职称，也只是徒增痛苦罢了。"

"先生，谢谢你。不过，我要先看看自己能不能挣到足够的钱，去从事高级教学工作。"

"真是讽刺。"杰拉尔丁说，她歪着头，眼神迷惑不解。

维克多·杜卢伊来访

法布尔想要找到一种更好、更便宜的方法，从茜草植物中提取茜草染料，以此赚取让他在大学教书的花销。提取茜草染料是他所在地区的主要产业之一。他在化学工作中发现，化学染料是可以制造的，但如果把它投放到市场上，就会破坏茜草产业，工人也会因此失业。于是他对自己的发现秘而不宣，只致力于改进茜草染料。可就在他即将成功之际，德国人发现了茜素这种化学物质，他的所有希望就此破灭了。但他在染料方面的工作为他赢得了一段友谊，这也许是一笔不菲的财富。

一天，法布尔正趴在染料桶边，双手被手上的活计染得血红，一个面熟的人走了进来。法布尔曾与他有一面之缘，非常羡慕文学老师们有这么一位好学监。

他会帮助文学老师进行教学工作，比数学学监好太多了。这位法布尔想要结识的人名为维克多·杜卢伊，时任拿破仑三世时期的教育部部长，而他真的出现在了法布尔的实验室里。

"还剩几分钟，我的阿维尼翁之旅就结束了，"杜卢伊道，"我想与你一起共度。"

"这一殊荣让我一下子蒙了，"法布尔写道，"而我当时衣着随便，身上穿的是衬衫，手红得像煮熟的龙虾，开始想找借口开溜。"

"别走！"杜卢伊说，"我就是想看看你工作的样子，一位工人穿着工装就是最好的状态。你在做什么呢？"

法布尔便向他一一解释，维克多·杜卢伊又问他，实验室有没有什么需要的东西。

"没有。"他答道。

"你和其他人不太一样，他们总是有所求。"

"我只接受一件事。"

"什么事？"

"和您握手的莫大殊荣。"

"来，还有呢？"

"一张鳄鱼皮，动物园里死鳄鱼的就行。我想把它挂在屋顶上，对抗古老的亡灵巫师。"

部长环顾四周，停驻在拱形屋顶下放声大笑。"现在我是真的认识这位化学家了，"他说，"之前我只知道你是位博物学家兼作家。你的那些小昆虫我也有所耳闻，我真想见见它们。可惜现在我要去赶火车，和我一起走到车站吧，那儿没有人打扰我们。"

于是这两个人就这么走着，谈论着茜草和昆虫，在愉快的谈话中忘却了一切。

一位乞讨的老妇人伸出手，杜卢伊给了她一份礼物。

"这是皇帝的部长给你的。"法布尔说。

"*天啊！愿上帝保佑你！*"老妇人说。

法布尔翻译道："她祝你健康长寿，而这句*天啊*包含了她心中的无限柔情。"

他也对这位好心的部长重复了一遍那句祝他好运的话。

但是，当他们进入车站时，法布尔惊骇地看到，总司令、省长和秘书、市长和副市长、学监和其他教育界权威聚集在一起，向部长致敬。当这些大人物向部长鞠躬时，法布尔说自己就像圣洛克的狗。这只狗过去常常坐在这位圣人身旁，和他的主人一起接受朝圣者的鞠躬。

然后部长抓住法布尔藏在背后帽子中的手，说道："让我给你们看看这个。"

省长道："一双工作者的手。"

将军说："染匠的手。"

"是的，"杜卢伊说，"这双手可以帮得上你们地区的主要产业，还能拿钢笔、铅笔、放大镜和手术刀。既然你们似乎对此还不甚了解，那我很高兴告诉你们这些事。"

法布尔说，他恨不得钻到地缝里去。不过这趟列车出发在即，他由衷地感到高兴，赶紧将这位风趣诙谐的部长带走吧。

但没过多久，法布尔又收到了杜卢伊的来信。他收到的是一封叫他去潘城的信。他担心自己会被安排到首都的另一所学校任职，那他就会和亲爱的乡间昆虫分隔两地，因此他拒绝了这份邀请。接着，杜卢伊又写信说："如果你不来，我就派警察去抓你。"

于是，法布尔就到了潘城，杜卢伊给了他一份报纸，说道："看看吧。你拒绝了我送的化学仪器，但你不会拒绝这个的。"然后法布尔就看到了自己被授予了法国最高的荣誉——*荣誉勋位勋章*。杜卢伊亲自为他别上红丝带，亲吻了他的双颊，然后打电报把这个喜讯告知了法布尔的家人。接着，杜卢伊递给法布尔一个信封，用他的话说，是给法布尔的旅行经费。法布尔发现里面有足足1200法郎，便想推却回去，而杜卢伊却说："收下吧，不然我会气得满脸通红。而且，明天你还要和我一起去觐见皇帝陛下。别想逃，警察可等着呢！"

想象一下，第二天，华丽的侍从们身着灯笼裤，脚踩银扣鞋，领着我们的法布尔自富丽堂皇的杜伊勒里宫穿梭而过。你觉得他们让法布尔想起了什么？他的甲虫！当然，他们没有翅膀，取而代之的是背后画着钥匙图案的棕色长礼服。在场的是一群曾做出杰出工作的人，其中有探险家、地质学家、植物学家和档案学家。法布尔还没来得及注意他们，皇帝就进来了。皇帝是个平平无奇的人，法布尔回忆道："一个与旁人并无区别的人。"皇帝身材圆润，蓄着长长的胡须，睡眼蒙眬地半闭着眼睛。但尽管如此，他还是得保持清醒，与这些杰出人物谈论他们的特殊爱好或工作。他和法布尔谈了 5 分钟的"斑蝥的复变态"。

佩内洛普戏谑地笑道，这里有些事需要你们自己去弄清楚。

然后，所有宾客都去享用国宴，谈天说地，甚至还谈到了阿维尼翁断桥，每个人都在上面跳过舞。国宴后的第二天，尽管许多人都邀请法布尔参加欢乐巴黎的宴会，但他还是回到了阿维尼翁的家中。他满怀希望，既然大人物们都对他的茜草染料的研究感兴趣，那他的成功之日就不远啦。你知道的，他所谓的成功就是通过茜草染料赚到足够的钱，让他能去大学里教授博物学，让他能研究昆虫。

但是，唉，就在那一刻，德国发现化学染料的消息传到了法国。法布尔的发现毫无用处，他的希望破灭了。但更大的失望在等待着他，甚至连他在阿维尼翁学校的职务也被革除了。正如你们所知道的那样，他对他的昆虫饱含热情，他所讲授的课程也因此妙趣横生，人们蜂拥而来，讲堂就好似剧院一般吵吵嚷嚷。女孩们自然也想加入到这种新颖的教学之中，想听听这位能言会道的教授讲课。别觉得惊奇，那个时候的女孩是不能去听讲座的。而法布尔在潘城的朋友——杜卢伊，开创了女子接受高等教育的先河。这已经是弗朗西斯·玛丽·巴斯在英国创办第一所女子高中20年后的事了。法布尔也认为女孩应该受到教育，他开设的女生班也越来越受欢迎。正如他所说，他教她们"空气和水是什么；闪电和雷声从哪来；我们的思想是怎样借助金属丝传播到世界各地，是用什么装置来完成的；火为什么燃烧，我们为什么呼吸；种子如何发芽，花朵如何绽放……所有这些在一些人眼中都是极其可恨的事情，他们目光短浅，一见到日光就目眩神迷了"。

这些是现在每所学校都会教授的东西，但在那时候，这些知识对大多数人来说似乎就是与上帝为敌的可怕东西。

镇上的当权者认为让女孩接受高等教育绝对是一种罪过。法布尔房子的房东老太太把他赶了出来。他太穷了，没钱搬进另一家。而且，老太太的行为也只是赶走法布尔的阴谋之一。他不再反抗，只好离开了。但他连将自己财产从阿维尼翁转移到奥朗日的钱都没有。

你听过的，那时正值大家听到过的普法战争时期，巴黎已经被普鲁士人包围了，法布尔的普通工资寄不到他手里。在这种困境中，法布尔只好请求密尔借钱给他。但密尔当时正好在英国议会任职，正是 1870 年那一届著名的议会，英国历史上首次要求所有的孩子都要接受教育。密尔寄来的钱远远超过法布尔所求，这些钱和回信一起寄来，他也不要求法布尔承诺偿还。不过，你会很高兴听到他最后还是把这笔钱还了。

第十一章
燕　子

我们展开的不是华丽的旗帜

我们只赋予年轻人一项职责

反对王权的神话

高擎真理的金色异端

——A.E.

法布尔与妻子带着他们的 5 个孩子乘火车出发，想在奥朗日找到一个新家，列车沿着水流湍急的罗纳河前行，而他们却是一片愁云惨雾。

　　活力满满的孩子们乘着小汽车在公路上飞驰，享受着 4 月最烈的骄阳与最蓝的天空，很难相信有人会心情沉重。他们刚离开身后绵延的城墙，就开始思考自己最喜欢的是哪一处——是三车道的公路，白雪覆顶的冯杜山，还是崎岖不平的登特勒？就在此时，他们发现自己正从蓬特村穿梭而过。

　　佩内洛普说，就在这儿，在罗伯特的农场里，法布尔经历了一场迷人的奇遇之旅，那时他还住在阿维尼翁。他常常步行至此，看望他年迈的父亲。一位富裕的农民给了法布尔的父亲一个住处。一天，法布尔看见一些蜾蠃试图在一件大衣和一顶帽子上筑巢，那是农场工人们用晚餐时挂在墙上的衣物。不幸的是，那些年轻的农民并不像他那样热爱小动物，因此晚饭后，他们拎起大衣和帽子抖了抖，甩掉了一大团泥巴，可怜这些奇特的昆虫，本来牢牢扒在泥巴上，还在为筑巢做准备呢。法布尔希望自己的大衣也挂在墙上，这样他就能留给这些长着翅膀的建筑工，以便看看接下来会发生什么事。

他们渐渐靠近奥朗日，在天空的映衬下，登特勒或称蕾丝山脉，在天空中看起来就像粗糙而巨大的灰色花边，因为山峰上的岩石光秃裸露、崎岖不平，顶端非常尖锐。法布尔说，山峰旁是一片悬崖峭壁，格外竖直平滑，简直就像某些巨人的堡垒城墙，顶上布满了锯齿城垛。他曾在山脚下采集花朵，看见一道"墙燕"飞翔而过，再一瞧那悬崖峭壁，只见数以千计的燕巢固着其上。他想，很久很久以前，早在人类房屋的墙壁建成之前，这种燕子一定是生活在这样的地方，才学会了把巢固定在墙上。

那些燕子提醒他讲一则家燕的故事，这只家燕坚持要在法布尔家里筑巢。

"我愿意，"他说，"把棚子、地窖走廊、狗舍、木屋和其他屋外的地方都让给她。但她还蠢蠢欲动，想要我的书房。那里的窗帘杆，甚至窗台都很适合她。我破坏了她那窝建筑物的基底，就是想让她明白，对幼鸟来说，一扇移动的窗户有多么危险；而她带来的泥巴和她幼鸟的污垢与我的窗帘有多么不相适宜。可我的努力都只是徒劳，我没能成功劝退她。我只好将窗户关着，但如果我太早打开，她就会衔着满嘴的泥土飞来。"

"我曾有一次屈服了。她将燕巢固定在墙壁与天花板的夹角处，正下方是一个大理石顶的柜子，上面铺满了书。我知道以后会发生什么，就把书移走了。在蛋孵化之前，一切都很顺利，但这些幼鸟一出生，情况就变了。这6只幼鸟变得让人难以忍受，每分钟都在'啪嗒！''啪嗒！'……箱子上全是鸟粪！又要清扫！又要闻臭味！而且，这是何等的奴役！房间晚上是关起来的，鸟爸爸睡在外面，孩子们一长大，鸟妈妈也睡在外面。天一亮，他们就在玻璃屏障前，伤心欲绝。为了给这些忧伤的心打开窗户，我不得不睡眼惺忪地赶紧起床。不，我再也不会心软了。"

佩内洛普他们来到了奥朗日，这里一度属于奥兰治亲王威廉。他们自一面高耸入云的巨墙下经过，打听了一下，才知道这里面是一座罗马人建造的石头剧场，恢宏又壮观。在奥朗日生活的9年里，法布尔每天都凝视着它那壮丽的样子。因为他选择了城外田野里一座孤零零的房子作为居所。从他的窗户口望去，只见一望无际的草地上鲜花烂漫盛放，已然荒废的美丽剧院依然伫立着，其后是一片绵延的小山。除却这片草地，他的房子还有另一件宝物——一条林荫道，葱茏的梧桐树两侧排开，春天鸟儿于此歌唱，夏天蝉鸣于此嘹亮。9 年以来，法布尔为此深深沉迷。而他的房东却为了赚点钱将它们尽数砍伐，法布尔伤心至极，不愿再住在这座房子里，于是便离开了奥朗日。

奥朗日是个散步的好地方，而法布尔是位特别能转悠的人。他出发的时候，常常看上去像个外出采集茜草的农人，因为他带着一把泥铲，背着背包，还带着一些盒子、玻璃管、镊子和一个放大镜。

他喜欢在桑特哈曼高原上漫步，爬登特勒山，最妙的是登上冯杜山顶。那没什么好惊奇的，因为对任何一个人而言，在一日之内从热带走到极地都是件有趣的事。但对于法布尔这一类人来说，他们喜欢邂逅非洲的花朵与挪威北角的小植物，这些植物在法国都属于野生植物，旅途中充满了奇遇。不过，旅途有时也很危险，山雾降临之时——对山雾谁能说得准呢？一脚踏空，可能就会坠落悬崖。

有一次，法布尔和他的朋友们在冯杜山的浓雾中迷了路。他们采集植物，四处采摘花朵，研究根系，东西南北转得不亦乐乎。浓雾降临之时，他们根本不知道哪里是南，哪里是北。可这很重要！因为山北是陡峭的绝壁，而南面是意味着安全的山中小屋。雾气蒙蒙，烟雨初现，他们互相问对方是不是从南面飘过来的。没错！刚开始的时候确实如此。可后来看起来却像是从四面八方而来，而且山顶上一贯是有浓雾和山风的，它们也有改变方向的方式。如果风向没有改变，他们会觉得自己一边身体比另一边更潮湿。身处郊外，每个人都一样湿淋淋的，不得不摸摸自己的皮肤来确认一下。不过，每个人都是左边皮肤比右边皮肤更湿润，众人都松了口气。于是他们转向左边，走进雨雾中。他们的双脚开始在石头之间打滑，幸好只是在一片缓坡上，而不是悬崖。接下来是低矮的枯树与一片漆黑。他们怎样才能找到路，前往那间小屋呢？那只不过是冯杜山广袤山坡上的一个小点。法布尔在灌木丛中摸索着，突然被刺了一下。

太开心了！荨麻！只生长在通往人类栖息地道路上的荨麻！"摸着荨麻刺走！""跟着荨麻刺前进！"这两句话成了口号。他的朋友们几乎都不相信他，除了其中一位著名的植物学家。他也知道，荨麻只长在人类居住过的地方。果然，荨麻刺带着他们回到了小屋，那里有温暖的炉火、干蓬蓬的衣服，还有食物。

或许你认为法布尔的生活非常愉快，可你千万别忘了钱。没有钱，生活难以为继。当时法布尔一贫如洗，他试图通过撰写学校教材来挣钱养家糊口。其中一本他称为《地球》，另一本称作《天空》，但在那时，科学教材给作者带来的稿酬并不如今天那么丰厚。

他出版了那本精彩绝伦的《昆虫记》第一卷，可世人不喜欢这个书名，也很少有人发现它比一本小说更引人入胜。因此这也没有将他从燃眉之急中解救出来。

在奥朗日也是如此，他因失去儿子朱尔斯而悲痛不已。法布尔是一位非常慈爱和蔼的父亲，常常和孩子们分享他有趣的工作。如果有那么一位父亲，他带着你去观察甲虫和毛毛虫，在你发现一枚虫茧、一株新颖的花朵或者奇怪的小动物时和你一样兴奋，那一定非常有趣。

他那几个年龄大一点的孩子——安东尼娅、克莱尔、朱尔斯和埃米尔，都帮过他的忙。如果其中一个人离家远行，他或她就会给他寄一些包裹，里面装着奇奇怪怪的发现。他们都在家的时候，会全部加入行列，寻找法布尔所需的标本，或者帮助他在地下深挖，直到找到一个隐秘的甲虫巢穴。但成为他最热心同事的却是年纪最小的一个——小保罗。

父亲的书中经常提到小保罗——他满脑子都是常识，什么都不怕，会毫不犹豫地把毛毛虫抓在手里，或者把最可怕的死鼹鼠翻个底朝天，看看葬甲的工作进行得如何。全家人一起工作，或者一起玩，随你怎么说。如果他们有足够的钱，就会在自家开满了野生仙客来、毛茛和银莲花的花园里，快乐无比地幸福生活。

第十二章
塞里尼昂的昆虫

凡是理性支配的地方，都有一种严谨之美。这种美在所有的星辰下，在所有的世界中，都是一样的。这种普遍的美就是秩序。

——法布尔

奥朗日的金色石拱门看上去，比平时更像仙境中巍然高耸的王者之门。清晨之际，露水重重，孩子们在去塞里尼昂的路上向奥兰治挥手告别，塞里尼昂是法布尔度过了大半生的地方。

　　"我从来没有见过这么美丽的东西，"玛格丽特说，"那笼罩着金色杨树的薄雾微微发亮，穿过金色的大门，缥缈地一路蔓延到远方。我们应该停下来看看那上面的雕刻，不知道他们是战士还是普通人呢？"

　　但没有人回答她，因为佩内洛普正开车穿行在一辆辆高轮骡车中间，贾尔斯和杰拉尔丁正双双探出窗外，寻找艾格河和转向塞里尼昂的右拐路口。

　　那座桥就在那儿！那座桥横跨在一片广阔的白色鹅卵石上！

　　"那就是它！就是它！停车，佩内洛普！阿尔卑斯山上的积雪融化时，这些鹅卵石就会顺着河床奔流而下，相互碰撞，发出巨响，法布尔在一公里外的家里都能听到。"

　　"为什么它们现在不这样了呢？"贾尔斯问道。

因为这条河已经干涸了，就像以前一样，当年法布尔还在这些鹅卵石间走来走去，研究红切叶蜂呢。我们出去吧，如果我们能发现一个蜂房和工作中的红切叶蜂，你就能听到：

红切叶蜂的故事

就在这里，在艾格河的卵石之间，法布尔抓住了他那两只红切叶蜂。他想知道，如果把它们带到离蜂房很远的地方，它们是否知道怎么回来。他必须非常小心地抓住它们，以免它们受伤。他也想知道，*自己*在场或不在场，对它们来说是否有影响。趁着红切叶蜂工作的时候，他用一个玻璃罐盖住它们，再将其摇进一卷纸中，然后安全放置在一个锡罐里。接着，他带着锡罐走了4公里，回到了他在奥朗日的房子中，在那儿给这两只红切叶蜂做了标记。这项操作非常困难，因为他不敢抓得太紧，生怕弄伤它们脆弱的翅膀。法布尔在它们的脖子上都画上了白色的色块，然后放了它们。一只遥遥飞走了，而另一只没那么急切。第二天清晨，法布尔回到河床上，坐在了空巢边。空的吗？不是，有一只红切叶蜂在上面辛勤工作，但它身上没有标记。

它把标记弄没了吗？等等！现在有一只飞过来了，嗡嗡直叫——是一只有标记的红切叶蜂。一场战斗就此打响。在女房东被迫离开的这段时间里，一个新房客占据了房子，不讲道理。不过，这种情况不会持续太久！法布尔说，蜂类战斗的时候从不会杀死对方，谁有权利，谁就是赢家。所以有标记的红切叶蜂重新占据了它的巢穴。一只红切叶蜂回来时身上沾满了花粉。它在4公里的飞行中，没有浪费时间，而是在途中采集了花蜜。

还有一次，法布尔从奥朗日自家屋檐下的巢中取出40只蜜蜂，把它们带到艾格河的河床上。法布尔可不喜欢给这40只会蜇人的蜜蜂做记号，它们会蜇人，或许是因为他之前用的手劲大了。只有20只蜜蜂正如他所乐见的那样开开心心飞回家了。与此同时，他的女儿在梯子顶上等着蜜蜂回来。法布尔自己回家时，女儿说，两只蜜蜂在被释放后45分钟内回来了，它们在40分钟内逆风飞了4公里，真是不错呢。此时，一位严肃的老律师前来拜访，他一听说法布尔正在做的事就立刻丢下重要的文件和帽子，光着头爬上梯子，顶着炎炎烈日看蜜蜂归来。在那一群蜜蜂中，又有15只蜜蜂飞了回来，不过随后来了一场大风暴，法布尔也不好再数下去了。

4个人回到了车上，心怦怦直跳。他们现在离塞里尼昂很近了，那是所有地方中与他们的英雄最接近的地方。在那里，他在自己的小房子和花园中找到了心之所系；在那里，他遇到了所有最有趣的昆虫。

"慢一点，"杰拉尔丁说，"给我们点时间多看看。"的确，这片土地值得长久……长久地端详。他们的右边是积雪覆盖的高山，风清气朗；前方是登特勒山，锋利如割；左边一片深蓝自远方蔓延而来，橄榄叶的薄雾闪烁着银光在风中飘散，触手可及。新翻的土地呈亮红色，幼嫩的葡萄藤蔓在土地上生长，金光闪闪的。接着是一座樱花烂漫的白色凉亭，偶尔会有一株柏树或者一丛肃穆的圣栎伸出黑黢黢的"手指"指向天空，为这里增添一份浓郁的色彩。

"它美得我简直想要尖叫了。"玛格丽特说。

"那片果园是欧楂果林，"贾尔斯说，"它们那硕大下垂的浅粉色花朵和奶奶家的一模一样，那座大农场里的房子是橘黄色的，或者你管它们叫什么颜色呢？它们是褚黄色的，红色的屋顶映衬着几乎全黑的冬青，看起来像是一幅西班牙画作。"

"这是一片绝妙的土地，"杰拉尔丁皱了皱鼻子说，"你可以闻到百里香的芬芳，而且我很喜欢那亮蓝色的葡萄风信子，如缎带般一路飘扬，尽管你们也没在看它们。"

那个在沟里采莴苣的老妇人，头上绑着一块鲜艳的棉手帕，她或许认识法布尔？

但当他们停下来询问的时候，她却说不认识，因为她只是个刚来塞里尼昂的异乡人。

不过他们很高兴停下来了，因为她的脸像冬天的苹果一样布满了皱纹，她的眼睛是灰色的，而头顶上盛开的梨花中间，鸟儿们正在叽叽喳喳地举行一场会谈。

还有一只狗在叫，这让他们想起了一些事。佩内洛普熄火停车，只见前方有一堵长长的高墙，墙上长满了柏树。是的，他们找到了。那就是荒石园，是法布尔自己的房子，是他的隐居之所，他为此建造了一道长长的高墙，将自己和他的昆虫与世界隔绝开来。

"但在我们继续走近之前，"贾尔斯说，"有谁知道松树上那些巨大的灰白色东西是什么吗？它们都是黄蜂的巢吗？"

"哦！不！"佩内洛普惊呼道，"为什么！那些一定是松异带蛾！"他们可以看到，围墙上的松树高大而憔悴，许多树枝上都没有松针，上面结着又长又厚的灰色蜘蛛网。

松毛虫的故事

"每年，毛毛虫都会占据我的松树，不断吐丝，形成一个大丝包。它们破坏了松针，让松树看起来像是被火烧了一样。为了保护松针，每年冬天我都要用一根叉子样的板条清除掉这些虫巢。贪吃鬼！如果我放任不管，你们很快就会夺走我那些沙沙作响的松树，把它们变得光秃秃的。让我们瞧瞧树上比较低矮的树枝。松针两片两片地生长着，它们相连之处是一种丝质的、如白色套筒一样的东西，微微泛着粉红色，上面覆盖着可爱透明的白色小鳞屑，鳞屑像屋顶上的瓦片一样一个接一个地固定在一起。它们顶部固定，底部却不受约束，不论是吹气还是抚弄都无法把它

们弄下来。如果你向上抚摸，它们就会升起来，保持开放
的状态；如果向下抚摸，它们会恢复平倒，摸起来就像天
鹅绒一般柔软。由此它们就形成了一个屋顶，保护母蛾的
卵——这就是松毛虫。雨水或露珠一滴也不会渗透到屋顶
下。和绒鸭一样，它们用自己粉状的皮肤为虫卵做了一件
温暖的大衣。

"我用镊子将皮屑覆盖物夹起来，上面的虫卵像小小
的白色珐琅珍珠，紧紧地排成9行。我数了一行，有35枚
虫卵，这9行互相平行，每一行差不多，总共有300枚虫
卵。对于一位妈妈来说，这真是一个大家庭！

"不论老少，不论智愚，当我们看着松毛虫那可爱的
小小尖状物时，我们都会称赞：它真美！最让我们震惊的
并不是那些珐琅珍珠，而是它们排列的方式，那么有规律，
呈几何排列。认真想一想：这只是个无意识的东西，只是
个最卑微的东西，精致的秩序与规则却支配着它的工作。
脆弱的飞蛾也遵循着和谐的秩序法则。"

法布尔继续向我们讲述这些小小生命，从这些珍珠状的虫卵
中破壳而出以后，是怎样生长的。先从小毛毛虫说起，它的头部
是身体的两倍宽，嘴巴又大又结实（相较而言），可以碾磨坚硬
的松针。出生仅仅1个小时后，它就能列队行走，为自己编织出

小小的丝质遮盖物，躲避它讨厌的阳光。它渐渐长大，在树上越走越远，为自己搭起更大的帐篷。这些帐篷围绕着松针，这样毛虫作为主人就能坐在家中，品尝屋顶。结果，等它吃完了固定帐篷的松针后，整个帐篷就会被风吹走，于是它爬到树的更高处，再做一个帐篷。

当冬天迫近时，松毛虫就会一起造出把贾尔斯吓一跳的巨大的悬挂式过冬巢穴。关于它们本能的奇妙之处，法布尔是这么评价的：它们从未经历过寒冷，死去的母蛾也不曾教过它们什么，而它们竟然整个秋天都在编织一个巨大而温暖的虫巢，作为冬天的居所，就好像毛虫知道冬天会有多冷一样！法布尔也提及了，他是如何发现松毛虫变成了晴雨表的。那就是通过观察它们的动作，他能知道未来的天气将会如何，而报纸上的天气预报也和它们的表现保持一致。

在天气晴朗的冬日，松毛虫都会倾巢而出，跟着一只打头阵的松毛虫，列队从树上下来。第二只松毛虫的鼻子紧跟着第一只的尾巴，依此类推，整个虫巢里的松毛虫能多达300只。每一只走过的毛毛虫都会留下一根丝线，整个游行队伍就形成了一条宽阔的丝绸之路，即便在最黑暗的夜晚也能将它们带回家。

一天，法布尔想要做一些实验来检验它们是否聪明，他突然想到，如果让它们的丝线绕成一圈，它们会怎么做。幸运之神眷顾了他，因为有一天，游行队伍开始爬上了一个大园艺花瓶的侧面。当它们爬到花瓶顶上，开始在边缘徘徊时，法布尔刷掉了尚在下面的游行队伍，又用一把硬毛刷，擦掉了可能留在花瓶表面的"丝绸之路"。毛毛虫走了一圈又一圈，进食的时间到了又流逝而过。睡觉的时间到了，它们就睡在花瓶边缘。游行时间又到了，它们又回到了绕圈散步中。一天又一天地过去了，它们依旧行走着……一圈又一圈，它们24小时内走了7遍。它们或许饿了、累了、冷了或者晒伤了，但只要它们丝质的道路越来越宽阔，它们就知道路在哪里；只要有个领头的在前面，它们就认为一切都好。

当精疲力竭时，一场交通事故救了毛虫——因从花瓶的悬崖边上摔了下去，找到了回家的路。在春天，它们进行最后的游行，找到合适的土壤，挖好坟墓埋葬自己，但当然不是为了死亡，只是为了在地下改变自己的形态，变成一个茧。

法布尔想知道，当虫茧变成蛾子的时候，一只纤巧的大翅蛾是如何将自己从地里挖出来的，所以他埋了一些虫茧在装满硬沙的玻璃试管里。不久，他看见了那虫蛹，不是飞蛾，而是一具苗条光滑的木乃伊，翅膀紧紧合拢在身边，触角向后展平，脑袋上装备着坚硬有力的挖掘工具，仅用额头就把自己从沙子里挖了出来。一爬上地表，它就变成了蛾子的形状，展开羽毛状的触角和宽大的翅膀。

这就是那只产卵的母蛾，法布尔很感兴趣地打量着她，想知道她用来制作卵屋的小鳞屑是从哪儿来的。他发现，当他摩挲她的尾巴时，一阵小鳞屑的扬尘飘了起来。

法布尔继续观察，毫无戒备，直到他的眼睑开始肿胀，手指灼痛。他下楼吃饭的时候，家里人都以为他病了，但他已经猜到，那像荨麻刺一样的灼烧，是跟飞蛾有关的。后来，法布尔发现虫巢内部和毛毛虫都会发出一种看不见的毒刺，这说明对付松毛虫还是小心为妙。

第十三章

法布尔的花园

勿要说话，——勿要低语

在这遍植着百里香与佛手柑之地

黄昏时分

暗香浮动

深色迷迭香与没药

瘦茎紫色薰衣草

——沃尔特·德·拉·梅尔

他们按下门铃，墙上那扇又高又窄的绿门就打开了，杰拉尔丁如脚下生了根般站在原地。有时人们会感到失望，但有一样东西久负盛名，永远不会让任何人失望，那就是炎热4月天中的法布尔花园。

　　开门的向导女孩正和佩内洛普愉快地交谈，还有一只长身短腿的白狗在和贾尔斯黏糊。但杰拉尔丁这位小姑娘的眼睛没有注意到这些。

　　她从来没有听说过这样一个花园，做梦也没想到会有这样一个花园。"这里到处都是蜜蜂的声音！到处都是！全都是淡紫色，粉色，紫色的花！"她双拳紧握着站在那儿喃喃自语。浓香的丁香凉亭下那一片蓝色，只给她留下了一条狭窄的小路，可以看见两棵遮阴的梧桐树和池塘，在后面看似道路的地方还有大片盛开的迷迭香和茂密的鸢尾花。

　　杰拉尔丁入了迷，四处漫步，忘记了身后与年轻向导一起的其他人。开始时，不时有一只蜜蜂嗡嗡地飞到她的脸上，停下来闻一闻芬芳的空气。开着花的树莓、迷迭香、薰衣草或马郁兰纷杂野蛮地生长着，常常挡着她的路，她便虔诚地用手指轻轻拨开它们的长枝。杰拉尔丁小心翼翼地穿行，避开那些黄紫相间的野生鸢尾花和一丛丛粉红色的百里香，它们开得烂漫，处处都占据着她前进的道路。这是一座大花园、一座荒凉的花园，一个迷失自我、隐藏自我的地方。所有林荫道上都开满了长得高高的鲜花，比杰拉尔丁高得多，那些花开得满满当当，从地面一直开到了天空。林荫道后面的灌木丛生得郁郁葱葱，密不透风，丛丛都是繁花似锦。此外，各处生长着开花的格木果树，花园的尽头还有一株樱桃树，它的唯一用途就是悬挂那层层叠叠的繁花。杰拉尔丁和蜜蜂们都从未见过这样的景象，他们都尽情地享受着欢乐。

从花园的尽头，你甚至都可能看不见那所房子，更别说只是在任一条林荫道上匆匆一瞥了。向导女孩走了过来，仿佛回答了她的想法一般说道："这些花都是野生的，要么是风吹来的，要么是法布尔从冯杜山的山坡上带来的。这是紫色的香草，它的环絮比任何一种蒲公英都大。这里是原生的蓟，绒毛多而密，人们喜欢用它制作摇篮衬垫。金雀花开着明艳硕大的黄花，柏树高低错落着，还有许多五颜六色的杜松丛、草莓树、紫罗兰散发着馥郁芬芳，不过已经快凋谢了，噢，还有薰衣草。但你瞧，最多的还是迷迭香。这里是百里香、鼠尾草、奇异的南方仙人掌、蓝色长春花、矮橡树、粉色矢车菊和黄色荆豆花。

"法布尔一生都渴望有一个不受干扰的户外实验室，在那里他可以观察昆虫。他终于能买下这个地方了。这只是一座荒*石园*，这一小片多石的土地太贫瘠，不宜耕作。石头与岩蔷薇、百里香瓜分了这片领地。不过也曾有人翻了土，试图种植一些有用的植物，但之后就放弃了。因此蓟草、荨麻和茅草就钻了人类忽视的空子，占据了这里。

"法布尔筑起了墙壁，清理了场地，种上了各种可爱又罕见的花朵。这些花是植物园里的朋友们送来的，但是，唉，烈日这样灼人，猛烈的西北风也常常造访，大多数植物都难以忍受。所以他将那些娇弱的放进了玻璃房里，而那些强壮的本土植物就是你眼前看到的，长满了整座花园。你得费很大的心思才能找齐所有的植物种类，但来自四面八方的所有昆虫，不论普通还是稀有，都能在这儿找到自己专属的食物，在这儿安家，好像它们是特地前来让法布尔观察的。

"在其他许多实验室中，人们研究死去的小动物的身体器官。而在这个花园实验室，法布尔研究活着的动物，观察它们的捕猎、建造、喜好、喂食和对子女的教育。当然，有时他不得不观察它们的死亡，但当他这样做的时候，便受到了严厉的批评。"

狼蛛的故事

有一天，他正在研究黑腹狼蛛对其他生物是否会有危险。黑腹狼蛛是一种巨大的蜘蛛，它只要在脖子上一刺，就能瞬间杀死强壮的木蜂。

"我让它咬一只小麻雀的腿，小麻雀羽翼丰满，随时准备飞翔。一滴血流了出来，被咬的地方变成红色，然后变成紫色。这只鸟的腿几乎立刻就不能用了，爪子蜷成一团，只好一瘸一拐地靠另外一条腿走。但它似乎不太为此受到干扰，而且胃口也很好。我女儿们用苍蝇、面包屑和杏子喂他。它会好起来，变得再次强壮起来。可怜的受害者应该重新获得自由，或者也可以说科学的好奇心也期待它重获自由。我们所有人都希望如此。12 小时后，我们对于小麻雀能彻底痊愈的希望增加了。病人急切地接受食物——如果我们晚了，它还会叫着要吃的——我想它的麻痹只是暂时的，很快就会好起来。第二天，小麻雀拒绝进食，用它的坚忍精神和蓬乱的羽毛把自己包裹起来，把自己变成一个球，有时抽搐，有时又很安静。我的女儿们用手抱着它，对着它呼吸，给它取暖。它抽搐得更频繁了。随着它呼出最后一口气，一切都结束了。那只鸟死了。

"吃晚饭时，大家都很冷淡。我看得出来家人的眼神中饱含着对我的实验的无言的责备；我感到了他们隐隐约约指责着我的残忍。那只不幸的麻雀的结局让全家人都很伤心。而我也悔恨不已，为了这么一个微不足道的结果，代价太大了。"

但是……佩内洛普说，在还未对人做实验之前，最好要先知道，狼蛛咬人是否真的对人类有危险，所以法布尔又用一只大蟾蜍试了一次。蟾蜍也死了。即便是大型动物，也要避开狼蛛。

"狼蛛会有必须要避开的东西吗？"贾尔斯问道。

哦，是的！要避开人和其他东西，但尤其是那些小泥蜂和蜘蛛蜂。有一次，但法布尔一生也仅碰到过那么一次，在这个花园里，他看见一只蜘蛛蜂捕获一只狼蛛。他说这是最惊人的一幕，只见"无畏的偷猎者用一只手拖着她刚刚捕获的怪物"。她——我们所谈及的所有昆虫，除了一种以外，其余都是雌性——找到了自己的虫穴，她将狼蛛留在外面，自己进去看看是否一切正常；然后她将它拖了进去；出来后，她用一些沙浆堵住洞口，然后飞走了。她一直在产卵，将幼虫的食物储藏室装满。法布尔很渴望看到她与狼蛛搏斗并将其捕获的真实场景，但他从来没有看到过，不过曾目睹了她与另一只大型蜘蛛搏斗的过程。

　　"这只狼蛛猎人，"他写道，"会沿着墙壁搜寻，奔跑、跳跃、飞掠，来来回回，往往复复。一只狼蛛出现在一个洞的入口处，注视着观察者。"

　　"蜘蛛蜂退却了，飞走了。狼蛛也回到了自己的巢穴里。蜘蛛蜂回来了，狼蛛也回来了——甚至还从自己的巢穴中探出来，盯着天敌的脸看，天敌却飞走了。"

　　这只小蜘蛛蜂怎样使凶猛的狼蛛甘拜下风的呢？法布尔兴奋起来，十分渴望解决这个问题。整整几个星期，他都在盯着那堵沉闷的旧墙。

　　他看到蜘蛛蜂经常抓住狼蛛的爪子，试图把它从洞里拖出来，但狼蛛总是用两条后腿牢牢抓住墙壁。这只大蜂一次又一次地飞来飞去，突然跃起，抓住一只爪子，但又松开了——有时她确实把狼蛛拽出来了一些，但它又回到了自己的堡垒中。功夫不负有心人。一旦她将狼蛛从地上拽起来，就让它掉下去；它在痛苦中蜷成一团，她的机会就来了。她只刺它神经集中的一个地方，这一刺就使它瘫痪了。蜘蛛蜂知道狼蛛在巢穴中是个骁勇善战的勇士，但在外面只是个懦夫。因此，必须在外面抓住它。当她抓住狼蛛的时候，你猜她会怎么做呢？她将它放回狼蛛自己的洞穴里，然后在它身上产卵。在那蛛丝密布的家里，她的幼虫会以狼蛛为食。记住，狼蛛并没有死，只是瘫痪了。与此同时，幼虫将享受着温暖又柔软的房子，以及前屋主的美味肉体。

狼蛛，不管她有什么缺点，都是一位最有魅力的母亲。法布尔说，他对狼蛛最友好，允许狼蛛进入他书房的私密空间，为她们在他的书中留出一席之地，给她们享受窗台上的阳光，满怀热情地探访她们在乡间的房子，问她们一大堆问题。

"什么样的问题？"贾尔斯满腹狐疑地问，"她们怎么回答呢？"

哦！类似这样的问题：吃什么？如何捕食？巢穴是什么样？你和你的配偶合得来吗？你爱你的孩子，就像爱别人家的孩子一样吗？还有成百上千个别的问题。而她只用了一句名言就回答了所有问题："过来*看看*吧！"

在这个百里香丛生、乱石密布的花园里，狼蛛有很多藏身之处，这正是她喜欢的那种地方。她的住所是一座堡垒，不是庄园，首先是一个深洞，在地下突然转弯，或许也有许多曲折迂回之处。曲折通道的尽头是主人休息的地方，墙壁上覆满了薄薄的蛛丝，以防灰尘落入。当她站在瞭望塔的顶端审视着这个世界时，这些蛛丝也可以作为支撑脚的绳索。在洞穴门口，有一圈圆形护栏，由小石头、木头碎片和蛛丝捆起来的一层层树叶组成。法布尔看见她的大房子就在窗边，于是便在那儿观察了她三年。她真的足不出户，用手边的任何材料建造她的护栏。法布尔便问她，如果她物料富足，会做出什么样的护栏。他为这只特别的蜘蛛提供了大小不一的平滑鹅卵石、酒椰叶纤维、几簇颜色各异的羊毛，事实上，这让她手头阔绰起来。她毫不犹豫地回答了问题——建造了这样一座蜘蛛从未见过的城堡主楼。这座半米高、多姿多彩的大厦由编织羊毛、酒椰叶纤维和石头组成，参观者不免认为有些像是法布尔的花哨之作。

狼蛛用她的门阶周围的垃圾制成一层遮蔽物堵上洞口，那通常是她吃过的野兽的头，用蜘蛛丝编织而成。"门开着的时候，她会坐上好几个小时，头露在外面，眼睛死死地盯着，手臂做好抓捕的准备。看来，任何可吃的东西一旦经过这里都要遭到不幸了。'她年幼的时候，居无定所'，只好东奔西跑寻觅食物，跳跃到空中抓捕猎物。而等她长大了，就挖掘自己的豪宅。用什么挖掘呢？你有没有想过？"法布尔向她询问，看着她用自己的螯肢挖掘，真是令人难以置信。

但法布尔发现，这奇特的一点不仅与狼蛛有关，而且与所有昆虫有关。在它们生命中的某个特定时刻，它们开始做一些事情，比如挖掘。但要正好是它们做特定事情的时刻，而不能在任何其他时刻做这件事。如果他抓住一只已经向下挖掘了6毫米深的狼蛛，然后将她放到地上，那儿有一个已经由法布尔挖好的6毫米深的小洞，狼蛛就会继续挖掘下去。但如果他将她放在没有洞的地面上，她就不知道该干什么了，她会死掉。狼蛛不能把已经做过的部分从头再做一遍。没有一只昆虫能决定自己应该做什么。他尝试了很多次实验。如果一只蜜蜂到了填充蜂房的时候，而法布尔给它一个填满的蜂房，它就会将蜂蜜倒在蜂房边缘上，继续填塞已经封闭的蜂房。

　　回到狼蛛妈妈的话题上。她编织了一条丝质的地毯，在上面产卵，之后再将地毯边缘翻过来，做成一个完整的球，一个装满蜘蛛卵的丝质球。

　　无论她去哪里，无论是休息、狩猎，还是跳跃，她都带着那个心爱的卵袋。如果发生意外，绳索挣断了，她会疯狂地扑向她的宝贝，充满爱意地、狠狠地拥抱着它，随时准备咬任何想将它从她手中夺走的人。在3周的时间里，她每天用后腿把它抱起来对着太阳晒上几个小时，把它翻来覆去地晒，让每一边轮流接收热量。如果法布尔用镊子从她手里把它抢走，她就会疯狂地攻击；但如果把其他狼蛛的卵袋给了她，她也会一样开开心心；如果给她的只是一团羊毛，她同样会欢天喜地，可怜的笨狼蛛！

　　然后就到了卵球打开的时刻，数千只幼体狼蛛挣脱而出，立即爬到妈妈的背上。它们覆盖了她的整个脊背，2～3层厚，而她就这样带着它们来来回回整整7个月。狼蛛看起来充满了母爱，十分令人钦佩。这些小家伙很乖巧，既不移动，也不逗弄邻伴。它们紧紧地粘在一起，形成了一件给妈妈穿的连衣裙。但它们经常会掉下来。那不关母亲的事！如果它们爬回来，那就万事大吉；她根本不在乎。如果法布尔将它们都扫落下来，给她一群别的蜘蛛孩子，她也会很满意。如果因为他，或者意外，使其中任何一个不能回到她的照顾之下，她也同样心满意足。她似乎并不爱她的孩子。一天，法布尔看见一只狼蛛妈妈在一场恶斗后，吃掉了另一只狼蛛妈妈，然后收养了所有的孤儿。"从今以后，"他说，"两家就这样悲惨地结合在一起，成为一家了。"

"她到底是怎么喂饱所有蜘蛛宝宝的呢？"杰拉尔丁目瞪口呆地问。

法布尔说，它们以阳光为生，只依靠阳光！等到它们长大，差不多可以自己捕猎时，才会进食。

4人聆听狼蛛的故事时，发现他们都站在一簇繁花烂漫的荆豆丛边。佩内洛普说，在荆豆丛的阴凉里，生活着法布尔认为最凶猛的昆虫。看看你觉得这个故事怎么样——

螳螂的故事

在这里，他们称她为*"祷告虫"*。

希腊人也称她为*"先知"*。

　　"农民，并不计较长相。他们看见一只仪表堂堂的昆虫庄严地站在阳光炙烤的草地上，注意到她硕大而精致的绿色翅膀如亚麻布纱巾一样披在身上，她的前脚，也可以说是双手，伸向天穹，好似她在祈祷。那对他们已经足够了，灌木丛中挤挤挨挨的都是正在祈祷的女先知和修女！

"噢，亲爱的无知者，你们犯了多大的错误啊！这些圣洁的气质和风度暗藏着最残暴的行径，这些虔诚的臂膀是匪徒可怕的魔爪。螳螂是昆虫种族中披着羊皮的狼，是一个潜藏着的食人魔。在昆虫中，她可以特立独行，观望着、审度着、检视着，几乎不露声色。螳螂的武器就是她的双腿，因为她的大腿是一把带有两列平行刀片的锯子，刀片中间隔着一种沟槽，一路延伸到小腿上，她的小腿也有一把锯子，弯曲时就会折叠起来。她的脚则是一个锋利的钩子。每条腿都有一个锋利的钩子和两把双层锯子……在我的追捕中，不知有多少次，我被自己刚刚捉住的野兽紧抓不放，没办法腾出双手，不得不寻求帮助，才能从我俘获的野兽手里挣脱！我们的昆虫中没有比这更难制服的了。它用钩镰抓住你，用刺扎你，用双钳扣着你。如果你想活捉它，它几乎不可能让你自卫，你也没法用大拇指杀了它。

"螳螂休息时，那捕猎用的机器折叠在胸前，看起来很是无辜。她在祈祷。但如果有可吃的东西经过，那种祈祷的态度就会在一瞬间消失。机器的长长部件就会突然拉长，将俘虏拖进残酷的锯齿之间。任何一只蟋蟀、蚂蚱，甚至更强大的昆虫，一旦被抓进那 4 排利刃的操作范围内，就再无逃生的机会了。"

为了研究这种生物，法布尔圈养了几只螳螂。他用一个金属罩、一块平坦的石头和一簇百里香为它们建造了小屋。它们在这方面的需求很小，但食欲却不小。为了解决这个问题，法布尔找来村里的孩子们帮忙，给他们一些面包、果酱和一片甜瓜，让他们去捉活的蟋蟀和蚂蚱，而他自己则拿着网在花园里转了一圈，为寄宿者弄些更华丽的猎物。他并不是真的为了它们的进食才去捕捉，而是为了测试螳螂的胆量，因为他的俘虏比螳螂本身还要大，其中还包括两种最大、最凶猛的蜘蛛。

"勇敢的女猎手毫不迟疑。一看见那只最大的蟋蟀，就开始行动了，她转过身，摆出一种可怕的姿势。"法布尔说，虽然他对此已经习以为常，每次看到她突然的变化，还会感到一种就像看见玩偶匣里跳出玩偶般的惊奇。

"她的前翼张开，向后甩向两侧；那更大的翅膀充分展开，在背上形成一个巨大的羽冠；她身体的末端横扭着，伴随着剧烈的震动上下移动，发出一阵风的声音，还发出'噗！噗！'的声音。螳螂用 4 条后腿稳稳地站立着，伸出两条全副武装的前腿，展示着那一排珍珠和那腋下的白心黑圈，她的战争珠宝在和平时期从不示人。蟋蟀移动时，她一动不动地盯着蟋蟀，眼神汇聚，背部则微微动了动。她试图让蟋蟀因为恐惧而变得虚弱。

"她成功了吗？在对方'无动于衷'的面具上看不出有任何感觉。但受威胁的肯定知道危险就在眼前。蟋蟀看到一个幽灵在面前，钩子随时准备落下；它知道正面临着死亡，但尽管有时间，也没有飞走。蟋蟀，能跳得极远，那些爪子够不着它；蟋蟀，长腿的跳跃者，却还呆滞地站在那儿，甚至还凑得更近了点……

"螳螂并非在祈祷，更糟糕的还在后头，她的行径甚至比蜘蛛还臭名昭著。"

事实上，孩子们，她的行为如此残暴，你们还是要自己读读看。

"哦！不是这样的！佩内尔，"贾尔斯抗议道，"这只是它们不乖的时候，当它们有意思的时候，她会怎么做呢？"

她是一种吃同类的昆虫，会吃其他螳螂妈妈，这一现象甚至在野生动物中也很少见。

"噢！凶猛的野兽！"法布尔惊叫道，"都说同类不相残，可螳螂却毫不顾忌。即便她最喜欢的食物——蟋蟀数量充足地摆在她身边，她也会以同伴为食。"

还有更糟糕的事：让我们去参加螳螂的婚礼吧！遇到一位螳螂先生是很不容易的。他们数量很少，你很快就知道原因了。即便如此，他仍是法布尔口中那"情深意重的小东西"。"他向他那位高大健硕的女士目送秋波。他把头转向她，弯下脖子，挺起胸膛。他那尖尖的小脸上几乎充满了激情。螳螂先生在同样的位置上对着他的梦中情人考量了很久，而她却一动不动，无动于衷。然而，默许的迹象已在相爱的人之间传递。螳螂先生缓缓接近，展开他颤抖的翅膀。这是他求婚的方式。他们紧紧相拥。但最迟到第二天早上，她就抓住了他，按照古老的习俗咬了他的脖子，然后有条不紊地、一口一口地把他吃掉，最后只剩下了一对翅膀。"

但现在我们必须要进房子了，如果我们待在花园里，将这儿的所有故事都听完，那我们永远也回不了家了。

第十四章

朋友们共进晚餐

　　法布尔粉色的房子装着绿色的百叶窗，房子附近有一个圆形池塘，中央立着一座喷泉。青蛙常常聚集在池塘边齐声合唱，法布尔被吵得睡不着觉，直至耐心耗尽，他才命人减少青蛙数量。那池塘很容易找到，就在梧桐树下那一整片阴凉的处所。池塘不远处有一个蓄水池，家庭浆洗都在那儿进行，还有一条小路，法布尔常常在那儿竖立支架，支架上放着腐烂的蛇之类，还有死鼹鼠，这样是为了查明小葬甲要花多长时间才能把这么大的尸体完全清理掉。

　　有两扇门从花园通向屋内，他们的向导女孩打开其中一扇，期待之情顿时涌上4人心头。这正是隐士的小房间。他们见到的第一间是餐厅，这是一间简单的老式大房间，墙壁上挂满了相片，地上铺设着光亮的木板。这正是他们所听说的吃饭时默不作声的场景。法布尔头上总是戴着他那顶永远不变的旧毡帽，坐在座位上沉思着；其他人只能小声说话，以免打扰他；只有一只迷路的黄蜂或嗡鸣的苍蝇才敢吵吵嚷嚷。不论桌子上摆着什么，法布尔自己只吃一颗无花果或几颗枣子和水果。他不吃那些给动物带来痛苦的食物，尤其是富人最爱的奢侈品——*鹅肝酱饼*。"代价是不是太高了？"他问道，"只是一口脂肪而已！"他知道，在他那个时代，为了生产鹅肝，鹅没有活动的机会，只能被捆绑着增肥。

但为了让朋友高兴，法布尔有时会喜欢用自己选择的奇特菜单：一些特制的毒菌，法布尔将其用盐水煮沸，去除了毒素；青橄榄和黑橄榄；咖喱羊腿；白瓤、橙瓤的甜瓜或者那些入口即化的小山地奶酪。

许多名人都和他在一桌上用过餐，但他最喜欢那些需要他帮忙解决问题的人，最讨厌那些空有一腔好奇心或者只想见识名家的人。他会毫不客气地把那些人打发走，而且往往态度还很粗鲁。最常来的客人是村里的校长和盲木匠。他们可以随时见他，甚至还能在他早上工作时进入他的书房。法布尔的书还没印好就给他们读了。盲木匠马里斯·吉尼斯常常伴着他一起散步，并在法布尔长时间观察工作中的昆虫时，帮他撑着遮阳伞。

他的另一位朋友——园丁法维耶，当过兵，走过很多地方，知道大部分东西，因为他都曾尝过。一天，一位女士带了一株新品种的球茎给法布尔种植。"这里是它的根部，"她说，"这里是它的幼芽。"

"女士，那是一颗海胆，"法维耶说，"我常吃的。"

有时候，法布尔也会在餐厅召集一些小聚会，朋友、侄子和侄女还有他自己的孩子围在一起。冬夜中，寒冷的西北风在屋外呼啸，谈话就开始了，他们愉快地谈论着思想、历史、有趣的故事，对小动物和各自生活的回忆——其中还穿插着孩子们的朗诵和各自的诗歌。

他是这么描述自己准备的一餐的：

"今天是星期二，忏悔节，是通常大家举行嘉年华的日子。我正在策划一道匪夷所思的菜肴，连参加过罗马盛宴的人都会喜欢。我必须要找人尝一尝，让专家来，每个人各自都有天赋，能够品鉴出一道不知名菜肴的优点。除了博识广闻的学者外，没人听说过这道菜。

"我们一共8个人——我一家子和我的两位朋友，或许在村子里，他们是仅有的两位我敢当面胡来的人了。一位是校长，另一位是马里斯·吉尼斯，他是位盲人，也是位木匠，他在暗夜般漆黑一片中使用锯子和刨子，就和一个视力完好的人在白天中一样精准。他在年轻时失明，所以知道光线的乐趣和色彩的奇妙。作为对永恒黑暗的补偿，他获得了一种温和的微笑哲学，一种能够填补自己基础教育空白的强烈愿望，以及能快速捕捉最细微乐音的敏锐听觉度。"

这里有一则故事，可以阐明这位盲人的微笑哲学：有位朋友同情他的失明，可他却说："如果我能看得见，我可就拿不到我那点不错的养老金了，那是*国立眼科医院*为失明的老人设立的。"

"他还有一双因工作而变得坚硬的双手，有着惊人细腻的触感。在我们的谈话中，如果他需要一处架构难点的有关信息，他就会伸出手掌，我用手指在上面描绘出要做的图形或设计图。只需稍加解释，他的锯子、刨子或者车床就会将我的想法变成现实。

"我们在周日下午会面，尤其在冬天的时候，壁炉里熊熊燃烧的木柴与西北风的肆虐呼啸形成了美妙的对比。我们无所不谈（除了可恨的政治）：哲学、道德、文学、语言、历史、钱币、考古学。在一次这样的会面中，我们定下了今天的晚餐。这道不寻常的菜肴是木蠹虫——古时候很受欢迎，翻译过来叫作象鼻虫。

"罗马人吞并了足够多的国家，他们因过度奢侈变得残暴不已，开始吃起虫子来。那些虫子到底是什么样呢？它们个头大，不讨人厌，最重要的是，很肥美。

"一个美丽的冬日午后，我们全家人出发去挖两根老树桩，保罗带着切割工具。木头表面坚硬又干燥，内里却形成了一种板结的糨糊。在那潮湿而温热的腐烂中心，有一大群蠕虫，每一只都有人的拇指那么大。我从没见过比它们更肥的虫子。拿起一只看看，它那象牙白的外表很是悦目，柔软而光滑的皮肤摸起来也十分舒服。如果你不反感吃虫子，那么这一袋新鲜'黄油'可是很诱人的。一看到它，我就认出来了！那就是木蠹虫，真正的木蠹虫！何不尝尝这道名菜呢？

"我们抓了很多……用来研究……也解决下厨问题。我们必须知道这东西会变成什么昆虫；我们也必须要知道象鼻虫的味道有多好。今天是忏悔节，是准备匪夷所思的晚餐的好日子。

"我不知道罗马人吃木蠹虫时拌的什么酱汁。圃鹀是放在火前炙烤的，它们口感太过细腻，不需要拌酱汁。我们就用同样的方法对付这些虫子吧，它们是虫子界的圃鹀。把它们串上烤肉扦子，放在加热好的烤架上炙烤。一撮盐——每一道菜都必须得有——是唯一的调料。烤肉变成金黄色，咝咝作响，流出几滴眼泪般的油脂，这油脂着了火，又燃起一簇白色的火焰。好了！让我们把它们热腾腾地端上桌吧！

"看到我开了头，全家人也有了勇气，大胆进食他们面前的小烤肉。而校长却犹豫不决，他受想象力诱导，总是忍不住想到下午的大蠕虫在他的盘子里爬来爬去。我们给他留了最小的几只，省得勾起他满满的回忆。我的盲人朋友，他与恐怖假象完全绝缘，吃出了心满意足的样子。

"投票全体一致：烤肉多汁细腻，极为好吃，带着一定的烤杏仁味道，还有隐隐约约的香草香气。蠕虫，是一道最能让人接受的菜肴；甚至可以用绝妙这个词来形容！"

第十五章
飞蛾与蝴蝶

我曾沐浴阳光，

尽力劳作，

殚精竭虑，

不舍昼夜。

——罗伯特·布里吉斯

"现在，"向导女孩说，"我们要去法布尔的书房。"为此他们必须再次穿过前门，进入花园，向右转，从另一扇门进入房子。

他们发现面前有一座蜿蜒的台阶，通往一个大房间。那就是法布尔的书房，一如他离开时那样——在这间实验室里，他观察了许许多多的小动物，它们向他讲述了各自奇异生活的秘密。他们的左边是两扇面向花园的窗户，其中一扇总是开着，这样昆虫就可以随意进出。

这个房间两侧都堆放着箱子，一直堆到天花板，里面收藏着贝壳、化石和甲虫。这些箱子的顶部是高高的、整齐扎捆的棕色纸质书籍的门楣，排成一排，没有尽头。

"那些是什么？"杰拉尔丁问道，对它们的巨大数量惊奇不已。

"那些，"向导女孩说，"是他收集的野花。他在很小的时候就开始收集了。这些包括了来自天南地北、山地平原的所有花卉，还有海草和水草。"

小女孩站着，默数着房间四面书的卷数，想象着里面的奇特植物，想象着它们的颜色，想着一定要花很长很长的时间才能压平那么多花朵。

"法布尔是个*非常*井井有条的人。"她说。

"如果你看到他工作时的房间，"向导女孩笑道，"或许你就不会这么想了。因为那时，那张桌子上摆满了烧瓶、玻璃管、旧沙丁鱼盒，里面装着他观察的东西：培养中的细菌、织造中的蚕茧或者孵化中的虫卵。还有用丝罩或者旧花盆做的箱子，装着死去的、腐烂的野兽和可怕气味的玻璃罐。那气味让来访者震惊不已，法布尔却似乎毫无知觉！他陶醉其中，连一只青蝇让死蛇腐烂的奇观都看得津津有味，甚至他俯身瞧那可怖的糟乱时，脸上也满是欢喜。"

孩子们看到了那张享誉盛名的小桌子，小桌子几乎陪伴了法布尔的一生，为了纪念那张桌子，他在回忆录中写下了动人的一章。桌子上放着他的钢笔、他的墨水瓶和他的一份字迹工整的漂亮手稿。

"多么娟秀工整的小字啊！"杰拉尔丁感叹道。

在中间那张大桌子上，放着他的工作工具——窄泥铲、小刀、放大镜、镊子。桌子上还有一些瓶子，里面还装着他保留的标本和两只巨大又可爱的飞蛾，还像活着时那样紧紧抓着一根小棍。壁炉架上有一座黑色的钟，法布尔总是让它停住，因为它会发出声音，而他工作时喜欢保持安静。向导女孩告诉他们，法布尔是如何坚持在早晨保持安静的。他天一亮就起床，在厨房里大步流星地走来走去，边走边吃早饭，因为运动对他来说是必要的。当他想要开始工作时，就会在书房里来回踱步，以唤醒内在的全部生命和能量。然后他才坐下来写作。你可以看到，地板上绕着桌子的那一圈清漆磨得有多厉害：这种不同寻常的磨砺智慧之法将永远印刻在那条磨损的小路上。

早早用完早餐后，便在清晨踏着露水出门了，看看他的灌木丛和他的野兽，然后去他的书房。在那里，他完全埋首于绝对的寂静中；谁要是打扰了他，那可就惨了！他时而观察，时而写作，时而整理观察结果。中午 12 点时，他带着一张因工作而"苍白憔悴"的脸，离开书房去享受自由的半天时光。但这可不是我们所说的假日。他总拿着一些零碎的笔头和纸片，记下所看到的任何东西，他总会拿出来看一看。

下午从 2 点到 4 点，他教导"新家人"，因为他第二次结婚了。为了他们，他会再次拿出所有的化学仪器。法布尔会给较小的孩子讲一些有趣的寓言，有时还会对他们发脾气，朝他们挥舞黑板，但一般情况下，他都会与他们一起分享自己观察野兽的工作，这让他们很高兴。

这里还有一张有趣的照片，是法布尔夫妇和他们的孩子们在花园里几乎头朝下地站着，试图够到某种甲虫的地下居所。那一次，他们不得不挖了一个 1.5 米深的洞，而且也很狭窄——这可不是一件易事，一切都是为了找到牛头甲虫，这种甲虫为她的幼虫挖的洞穴也是一样深。

"法布尔在这间书房遇到的最有趣的事是什么？"玛格丽特问道。

"那可不好说。"向导女孩回道。

"或许是发现了牛头甲虫惊人的秘密；或者是蟋蟀的形体变化，法布尔称其为'世上最棒的景象'；或者是壁蜂，她会根据自己当时的需要，改变幼虫的性别；又或者是邂逅大孔雀蛾的那一天，这还是桌上那两只孔雀蛾让我们想起来这一些。"

"我们先听听那个故事吧。"杰拉尔丁说。

孔雀蛾的故事

"那是一个难忘的夜晚。我愿称之为'大孔雀蛾'之夜。谁不知道这种超级飞蛾——欧洲体型最大的飞蛾呢？她身着金红色的天鹅绒，脖颈上围着一圈白色绒毛。那沾满了棕色和灰色鳞粉的翅膀上，交织着苍白而曲折的纹路，翅膀边缘勾勒着烟白色，翅膀中间有一只圆眼，眼睛上是黑色的瞳孔和斑斓多色的虹膜，虹膜中是一连串黑、白、栗和紫红的弧线。

"现在是 5 月 6 日的早上，我看见一只雌蛾从我昆虫实验室桌子上的茧中出来了。我立刻把她罩住，关在铁丝网钟罩下，她还是出生时一身湿漉漉的样子。就我而言，我对她并没有特别的打算。我把她关起来，只是因为我作为一个观察者自然而然的举动，时刻警惕着可能发生的事情。

"我做了一件多么棒的事啊！晚上 9 点左右，一家人刚要睡觉，隔壁房间就传来了一阵骚动。小保罗衣服脱了一半，像个疯子一样上蹿下跳，又是跑步又是跺脚，还打翻了椅子。我听到他喊我——'快来，来看看这些蝴蝶，它们像鸟儿一样大！'

"我跑了进去。这下足以解释孩子为什么这么热情和夸张了。这是一场即使在我们家也从未有过的入侵，一场巨型蛾子的入侵。有4只已经被抓住了，关在一个麻雀笼子里。其他的正在天花板上飞来飞去，数量很多。

"看到这一幕，我想起了早上被我关起来的家伙。

"把你的衣服重新穿上，孩子，笼子就放那儿，跟我来。我们要去看一些有趣的东西。

"我们下了楼，进入书房。书房就在房子的右翼。我在厨房看见了用人，她对眼前发生的一切也是惊骇不已。她正在用围裙扑赶大飞蛾，一开始还误以为是蝙蝠。

"看来，大孔雀蛾已经从四面八方占据了我的房子。楼上囚笼里的那一只又会是什么样的呢？毕竟她是这一波飞蛾潮涌的罪魁祸首！幸好书房的两扇窗户中有一扇还开着，路还是畅通的。

"我们持着蜡烛进去了。我们所见之景令人难以忘怀。伴随着轻柔的拍打声，巨大的蛾子在钟形笼子周围飞舞。

"它们停驻，飞走又飞回，飞到天花板上，再飞下来。它们扑向蜡烛，翅膀一碰就把蜡烛熄灭了。它们落在我们的肩膀上，粘在我们的衣服上，扑在我们的脸上。我们仿佛置身于巫师的洞穴，而它们就是他的吸血鬼随从。小保罗比平时更紧紧地握住我的手，好给自己鼓劲。

"那里一共有多少只？大约 20 只。再加上那些在厨房、育婴室和其他房间里迷路的，总共约有 40 只。这确实是一个难忘的夜晚，大孔雀蛾之夜！

"它们从四面八方涌来，我不知道它们是怎么得到的消息，40个急切的情人到这儿来向它们的女士致意，而这位女士今天早晨才在我书房中静悄悄地出生。

"今天，我们就不要再去骚扰这群情侣了。蜡烛打扰了它们，因为它们会疯狂扑向蜡烛，由此还会灼伤它们的翅膀。明天我们会带着精心准备又深思熟虑过的几道问题，继续我们的研究。"

法布尔希望它们回答的一个重要问题是：这些游侠骑士是如何发现它们的窈窕淑女在等着他们的。它们每晚 8:00 ～ 10:00 乘着夜色而来。暴风骤雨的天气，天空中乌云密布，花园里远离树木的地方很是黑暗，伸手不见五指。

"除了黑暗外，"法布尔说，"还有其他困难。房子隐藏在高高的平面之下，只有一条小巷可以通往，小巷里的树篱由紫丁香和玫瑰花组成，茂密又浓厚；还有那成群的松柏，帘幕般保护着房屋免受寒风的侵袭。然而，这群大孔雀蛾钻过茂密的丛丛枝叶，穿行在完全的黑暗中，飞向它们要寻找的那位女士。"

但它们凭借的并不是视觉。难道帮助它们的是某种神秘的眼睛？若真如此，这群孔雀蛾应该是直着飞的，但它们并没有这么做。它们飞进了房子的所有房间里。难道是嗅觉？人类的鼻子，甚至儿童的鼻子，都无法在飞蛾身上嗅到任何气味。但为了确定这一点，法布尔使房间里充满了他能想到的最强烈的气味，以盖过任何其他气味，但飞蛾还是来了。它们都是在晚上来的，这一事实让他们的研究很难进行。如果它们能看见，法布尔却看不见。它们的生命极为短暂，只够找到它们的爱侣，便死去了，这一点也让他的实验很难进行。大孔雀蛾从不进食——事实上，它连进食的器具都没有。它活着就是为了交配生子，根本不为别的。

所以法布尔决定试着去找一只类似的蝴蝶，一只白天飞舞的蝴蝶，看看她是否能回答他的问题。

法布尔曾在书中看到过小阔条纹蝶。他曾听说，即便她出生在一个大城市的喧嚣中，远在森林里的骑士们也能知道。

但他从来没亲眼见过一只小阔条纹蝶。直到一天，有一位访客来到了荒石园。

法布尔是这么描述这件事的：

"一个7岁的小男孩光着脚，破破烂烂的裤子仅用一根线吊在他身上，一张小脸虽然没有每天清洗，但却神采奕奕。他是专门卖萝卜和西红柿的，早上挎着一篮子蔬菜登门了。按照母亲的要求把这些农产品卖出去，收到了与价格相符的两个半便士后，小男孩一个一个地数着放在手心。然后，他从自己的口袋里拿出了一样东西。这是他前一天晚上给兔子割草时，在树篱里发现的。'那个，'他把那东西拿出来，说道，'还有这个，你要吗？''我当然要。你再去找找别的，越多越好，下个周日你就能骑上小木马啦。同时这里还有两个半便士给你。别把它们和萝卜钱弄混了'……

"我花钱买的是什么样的宝藏？那著名的小阔条纹蝶会从里面飞出来吗？"

这种小阔条纹蝶非常罕见，法布尔在塞里尼昂生活了20年，还从没见过它——他的小助手也再没找到过。整整三年里，他自己、他的孩子、朋友和邻居勤勤恳恳地寻找，但不论是虫茧、毛毛虫还是蝴蝶都没有找到。

"如我所料，我那独一无二的虫茧正是那著名的蝴蝶。8月20日，一只雌蛾从里面出来了。我将她固定在书房中间的一个铁丝钟罩里，放在那张大实验桌上，桌上还放着有关它的书、罐子、盘子、盒子、曲颈瓶和其他仪器……这一天的其余时间和第二天都没有发生任何值得一提的事情。禁锢中的飞蛾依旧挂在那向阳的花架上，颇为安静，纹丝不动。翅膀不扑扇，触角也不颤动——正如大孔雀蛾一样。第三天，新娘子准备好了，庆典开始了。我在花园里，漫长的等待已经让我对成功感到绝望。下午

3点，天气炎热，阳光灿烂，我看见一群蝴蝶在开着的窗户里围着彼此盘旋飞舞。情人们来参加游乐会了！……

"我们上去吧。这一次是在白天，我不放过任何一个细节，再一次看见了大孔雀蛾曾给我看见的那一幕惊人的景象。一大团骑士在书房里飞舞，在这样一幕动人的混乱中，就常人所能判断的而言，估计约有60只。"

但第一只小阔条纹蝶没有提供任何答案。法布尔在神情恍惚中把一只螳螂和那只大蝴蝶关在一起，而那只小仙子吃掉了女巨人。

他不得不再花3年时间去寻找另一只。我真好奇另一只能不能回答他的问题。机会教会了他一件事。出生3天后，她也被一群追求者包围了。法布尔尝试了一个又一个实验，想找出到底是什么奇怪的感官指引它们找到她。如果他将她放在一个关得紧紧的盒子里，那是不是就没有追求者会来？但是无论他把她放在什么地方，楼上，楼下，抽屉里，里面的房间里，只要她的藏身之处与外面的空气有丝毫的联系，它们就会来。

"一天下午，为了弄清楚视觉是否对蝴蝶觅偶有作用，我将这位女士藏在一个玻璃钟里，底下铺垫了一层薄薄的橡树叶，然后把这东西放在桌子上，桌子前就是敞开的窗户。它们进来了，这群旅行者一定能看见杵在它们路上的囚犯。铁丝网下的盘子挡住了我的路，这位女士曾在这个铺满沙子的盘子上度过了一晚上和一上午。我不假思索地将它放在一个半暗的角落里，离窗户大约有10步远。

"发生的事情颠覆了我的想法。这一群旅行者中，没有一个在玻璃钟前停留，玻璃钟里的女士在大白天里非常显眼。可它们却漠不关心地从她身边经过，不看一眼，不问一句。全部都从那儿飞过，飞到房间的另一端，飞到我放盘子和铁丝网的隐蔽角落里……整个下午直到日落，它们都在向那个空笼子示爱。"

而真正的佳人却孤零零地坐在窗边！

法布尔对她的情人们开了个玩笑。他将她放在药棉上，等到她在上面站了足够长的时间后，就把药棉单独放在一个细颈罐子的底部。然后它们冒着生命危险，在一个无法逃脱的陷阱里向棉絮示爱。他将一片干橡树叶子遗忘在一把椅子上，蝴蝶就聚集在那上面，将叶子推到地上，沿着地板努力寻找佳人，而她却始终独自待在她的玻璃穹顶里，她的身姿透过玻璃清晰可见。

杰拉尔丁一只手放在法布尔的小桌子上，倾听着一则则奇特的故事，它们展示了一位老人有多么了解小昆虫的生活故事。可她不能像这样一直待在这里。向导女孩打开门，他们下楼去了，知道他们已经到达了一个终点——但并不是尽头。

他们前往昆虫家故居的旅途已经结束。他们听见向导女孩说，法布尔活到很老，去世时是位很朴实的农民，就像他生前一样。法布尔于 1915 年 10 月 11 日逝世，享年 92 岁。

杰拉尔丁将手伸进佩内洛普的手中，在紫丁香下抬头问她："在我把所有关于法布尔的故事听完前，你还要给我讲多少个故事？"而佩内洛普对这个问题早有预料，她说：据我统计，有218 个故事，而且一则比一则有趣，一篇比一篇离奇。但如果你想真正了解这位昆虫家，你必须自己阅读他的故事，而且最好用他可爱的法语读。

"我知道，"杰拉尔丁心满意足道，此时门缓缓关上，法布尔的花园也关闭了，"我知道……不止于此。"

图书在版编目（CIP）数据

法布尔的故事 /（英）埃莉诺·杜尔利著；李琼花，易卓璇译. — 北京：中国青年出版社，2021.11

（新时代青少年成长文库）

ISBN 978-7-5153-6531-2

Ⅰ.①法… Ⅱ.①埃… ②李… ③易… Ⅲ.①法布尔（Fabre, Jean Henri 1823–1915）—传记—青少年读物 Ⅳ.①K835.656.15–49

中国版本图书馆CIP数据核字（2021）第214834号

责任编辑：彭岩　刘晓宇

*

中国青年出版社 出版　发行

社址：北京东四十二条21号　邮政编码：100708

网址：www.cyp.com.cn

编辑部电话：（010）57350407　门市部电话：（010）57350370

北京科信印刷有限公司印刷　新华书店经销

*

880×1230　1/32　6.125印张　130千字

2021年11月北京第1版　2021年11月北京第1次印刷

定价：38.00元

本书如有印装质量问题，请凭购书发票与质检部联系调换

联系电话：（010）57350337